DUMONT EXTRA

Türkische Küste

Petra Penke

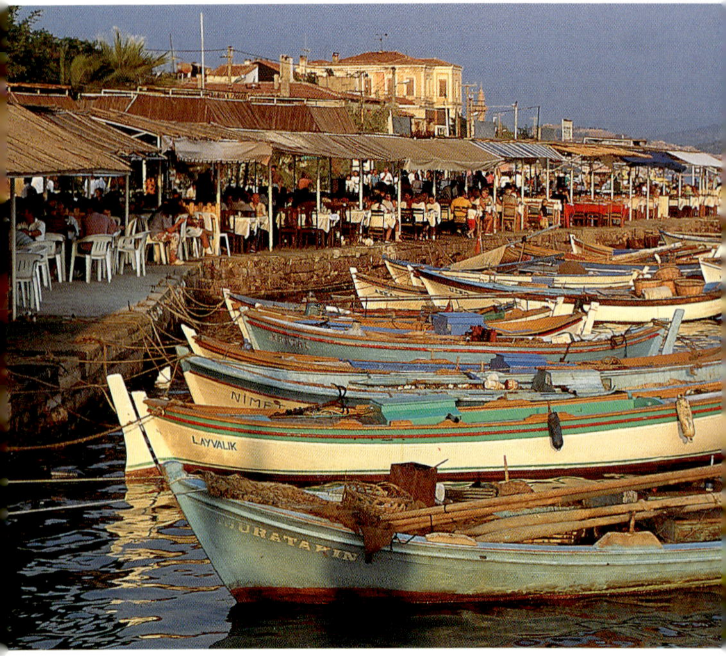

Inhalt

Merhaba! *4*

Geschichte	*10*
Gut zu wissen!	*12*
Feste & Unterhaltung	*14*
Essen & Trinken	*16*
Sport & Freizeit	*18*
Sprachführer	*20*
Reise-Service	*22*

Orte von A–Z *26*

Extra-Touren *82*

Extra-Tour 1 *84*
Im Hinterland von İzmir

Extra-Tour 2 *86*
Milet, Priene, Didyma

Extra-Tour 3 *88*
Die Blaue Reise

Extra-Tour 4 *90*
Pamukkale – zum Baumwollschloß

Extra-Tour 5 *92*
Konya – die Stadt der tanzenden Derwische

Impressum/Fotonachweis *94*

Register *95*

Merh

oder Hoş Geldiniz sagt man in der Türkei für Willkommen, und diese Worte werden Sie während Ihres Urlaubs häufig hören. Denn die Türken achten die Gastfreundschaft, im traditionellen Hinterland ebenso wie in den Urlaubsorten, immer und überall bekommt man ein Gläschen Tee gereicht – und ein freundliches Lächeln sowieso. Daß man hier schon

aba!

m Orient ist, merkt man schnell – wenn der Muezzin vom Mi-
harett zum Gebet ruft, wenn im Basar tausenderlei fremde
Düfte die Nase kitzeln oder in der Disco plötzlich die türkischen Sommerhits dudeln –, daß man sich hier wohl fühlen
kann, ebenso. Die Türkei bietet mehr als Sonne und Strand:
Lassen Sie sich von einer fremden Welt überraschen!

Türkische Küste
"Strände unterm Minarett"

Die Türkei ist eines der vielfältigsten Urlaubsgebiete am Mittelmeer, von Anbeginn bis heute Schnittstelle zwischen Abendland und Orient. Abgesehen von einem kleinen europäischen Teil, erstreckt sie sich mit der doppelten Fläche Deutschlands über Kleinasien, die Landbrücke zwischen Europa und Asien. Dieses Gebiet, das auch Anatolien genannt wird, grenzt im Norden ans Schwarze Meer, im Westen an die Ägäis und im Süden ans Mittelmeer. Bei einer Ost-West-Ausdehnung von gut 1500 km kommt die Türkei damit auf insgesamt 8500 km Küste. Wir beschränken uns hier jedoch auf den schönsten Teil, den Bereich von Ayvalık im Nordwesten bis Alanya im Süden.

Die Landschaften entlang dieser Küste sind sehr unterschiedlich. An der Ägäis mit ihren zahlreichen kleinen Buchten erstrecken sich im Hinterland Mittelgebirgshöhen, die von zahlreichen Flüssen in Ost-West-Richtung durchbrochen werden. Am Mittelmeer dehnt sich eine breite Strandebene vor dem Kammgebirge des Taurus-Massivs, die in den endlosen Stränden der ›türkischen Riviera‹ ausläuft. Dazwischen liegt das fast übergangslos ins Meer abfallende Hochgebirge des Südwestens: Die in der Antike Lykien genannte Region wurde erst in den 80er Jahren an die ›Zivilisation‹ des Autoverkehrs angeschlossen.

Das Klima der Agäisküste, wo der kühle Nordwind *Meltem* weht, unterscheidet sich merklich von dem der Südküste. So ist es im Sommer, wenn das Thermometer am Mittelmeer immerhin auf 45 °C klettert, an der Westküste erträglicher. Andererseits beginnt die Badesaison an der Ägäis später im Jahr und geht nur bis Ende September, während die durch das Taurus-Gebirge von den Frösten des anatolischen Hochlands abgeschirmte ›türkische Riviera‹ an der Südküste im Winter unter dem Einfluß warmer Süd-Ost-Strömungen liegt: Mit recht angenehmen Temperaturen bis 20 °C und sonnigem Wetter, das nur hin und wieder durch Regen unterbrochen wird, ist die Südküste auch zum Überwintern gut geeignet (im Taurus bei Saklıkent oberhalb von Antalya kann man dann sogar gleichzeitig Ski fahren).

Der gesamte Küstenstreifen liegt schon im subtropischen Kli-

Merhaba

Die türkischen Küsten, hier bei Bozburun, sind ein Seglerparadies

magürtel. Man merkt es rasch an dem, was am Straßenrand gedeiht: Baumwolle, Tabak, Melonen, Zitrusfrüchte und (bei Alanya) sogar Bananen. Palmen, Zypressen, Kiefern und endlose Ölbaumhaine geben dem Land den Reiz des Südens – den erst der zu schätzen weiß, der einmal ins steppenhafte Landesinnere aufbricht. Kamele sind die spektakulärsten Tiere, Schafe und Ziegen die häufigsten. Großwild wie Bären, Wölfe, Wildschweine oder Rotwild muß wohl als ausgerottet gelten; denn auch wenn es inzwischen Naturschutzgebiete gibt, ist die Jagd in den abgeschiedenen Bergregionen wie in alter Zeit ein Gewohnheitsrecht. An den Küsten hingegen haben Tourismus, Industrie und Siedlungsbau fast selbstverständlich Vorrang vor dem Schutz der Naturlandschaften. Auch die zaghaften Versuche, etwa den Meeresschildkröten bei Dalyan oder den Mönchsrobben bei Foça Lebensräume zu erhalten, scheinen bei der rasanten touristischen Entwicklung fast chancenlos.

So muß man wohl oder übel akzeptieren: Idylle pur ist auch in der Türkei längst Vergangenheit. Licht und Schatten liegen im ›Boomland‹ des Küstentourismus eng beieinander. Einsame Kiefernhänge wurden (wie bei Bodrum und Kuşadası) mit Betonbauten zugepflastert, in idyllischen Buchten (wie bei Didyma oder İçmeler) schossen hektische Urlaubsstädte mit pulsierendem Nachtleben aus dem Boden, in denen eine kosmopolitische Szene den drei großen S – Sonne, Saufen, Sex – frönt. Mit der echten Türkei hat das wenig zu tun; lediglich die Schickeria und die Studenten aus İstanbul oder Ankara mischen hier mit – die einen, weil es ›in‹ ist, die anderen, weil sie hier in einem Monat als Kellner soviel Geld verdienen wie ein Arzt in einem halben Jahr. Für die anatolischen Bauern, und deren ›Reich‹ beginnt schon wenige Kilometer vor den Küstenstädten, ist diese Welt so weit entfernt wie Europa, und unerschwinglich dazu. Doch selbst im derzeit modernsten Feriengebiet am Mittelmeer, der Kemer-Region, fließen diese beiden Welten ineinander; wie in allen Städten sind hier die Straßenkinder, die bis spät nachts als Schuhputzer und Kleinhändler

Badespaß, Orient und Antike, das ist der Dreiklang einer Reise an die türkischen Küsten

unterwegs sind, ein Symbol der ›Dritten Welt‹ in der Türkei.

Der, der nicht nur zwischen Pool und Disco pendelt, muß sich also auf ein Wechselbad zwischen den Kulturen einstellen. Nur wenige Kilometer von den glitzernden Hotelpalästen entfernt kommt man in Dörfer, wo Auto und Kühlschrank noch nicht selbstverständlich sind, wo die Frauen wie seit Jahrtausenden den Tag bei harter Feldarbeit verbringen, wo die Teehäuser noch reine Männerdomäne sind. Aber nur dort wird man die berühmte herzliche Gastfreundschaft als echte Tradition erleben können – soweit man nicht in Shorts und Trägerhemdchen daherkommt und sich auch sonst zu ›benehmen‹ weiß. Denn hier ist man wirklich im Orient, in dem westlicher Lebensstil keinesfalls als großes Vorbild und erstrebenswerte ›Befreiung‹ gilt. Probleme damit haben freilich nicht nur die Urlauber, auch für die Türkei selbst stellt es eine Bedrohung dar. Die Kluft zwischen den extrem wenigen, die seit den neoliberalen Reformen der 80er Jahre immer reicher und immer westlicher werden, und der großen Masse, die daran nicht teilhat, weitet sich von Jahr zu Jahr. Hier liegt letztlich der Grund für all die politischen Querelen, die die Türkei immer wieder in die Schlagzeilen bringen: vom Aufstieg der islamischen Fundamentalisten bis hin zum blutigen Kurdenkonflikt, der im Westen des Landes zwar nicht bedrohlich ist, Reisen in den Osten aber auf Jahre hinaus unmöglich gemacht hat.

Abendland und Orient: das Motto schlägt auch den Bogen zu den bedeutendsten Sehenswürdigkeiten: es sind keine türkischen, sondern griechische bzw. römische. Kein anderes Land am Mittelmeer kann einen solchen Reichtum antiker Stätten vorweisen – Ephesos, Milet, Priene, Pergamon, Perge und Xanthos sind nur die bekanntesten Namen. Betrachtet man die Karte, stellt man erstaunt fest, daß es tatsächlich mehr antike Stätten gibt als größere moderne Städte. Die Türkei ist als eine doppelte Kulturlandschaft daher treffend beschrieben: eine abendländisch-antike unter einer türkisch-moder-

Merhaba

nen, und allzuoft vermischen sie sich sogar wie etwa in Selge an der Südküste oder in Herakleia im Westen. Hier ist nicht ein ehrfurchtsvoller ›Trümmertourismus‹ das interessanteste, sondern die überaus reizvolle Kombination von Landschaft, uralten Monumentalbauten und kleinen Bauernkaten, die sich zwischen den Ruinen eingenistet haben.

Aber auch der, den das nicht reizt, kommt an der türkischen Küste auf seine Kosten. Die Schönheit der Strände – endlos lang im Süden, in kleinen Buchten versteckt im Westen – ist legendär, zumal die Türkei stolz die beste Wasserqualität im ganzen Mittelmeer vorweisen kann. Wassersport wird fast überall großgeschrieben: Tauchen, Segeln, Paragliding, Surfen sind die Stichworte für den Aktivurlaub. Selbst passionierten Wanderern sei die Region empfohlen – jedenfalls im März und April. Für Trekking-Sportler bieten die Hochgebirge des lykischen Taurus sogar noch abenteuerliches Neuland.

Staat:	Republik seit 1923; Staatspräsident ist Süleyman Demirel. Stärkste Parteien: FP (›Tugendpartei‹, islamistisch), DYP und AnaP (beide konservativ-liberal). Regierungskoalition seit 1997 unter Führung der AnaP.
Bevölkerung:	65 Mio. Einwohner bei hohem Bevölkerungswachstum; über 30% sind Jugendliche unter 15 Jahren. Hohe Konzentration der Bevölkerung in Städten (68%), speziell an den Küsten. Über 99% sind Muslime.
Wirtschaft:	Bei sehr hoher Inflation (bis 100% jährlich) starke Investitionstätigkeit, vor allem im Bau- und Industriebereich (Automobilproduktion). Trotz recht hoher Wachstumsraten etwa 25 % Arbeitslosigkeit. Wichtigste Handelspartner sind EU und ehem. Ostblockländer.

Geschichte

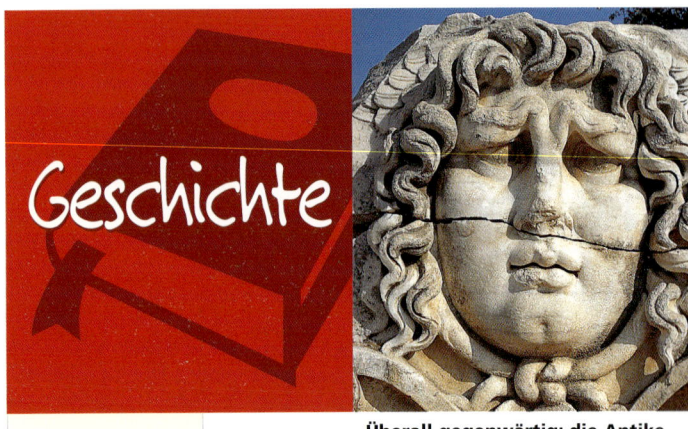

Überall gegenwärtig: die Antike

Frühgeschichte	Für die Altsteinzeit sind in Kleinasien Jägerkulturen nachgewiesen; schon im 7. Jt. v. Chr. entstanden städtische Siedlungen. Um 2300 wird die altanatolische Kultur von den Hatti aus dem Norden und Völkern aus Mesopotamien überlagert.
1800–1100 v. Chr.	Die Hethiter beherrschen Ost- und Mittelanatolien, an der Ägäis wird Troja ein bedeutender Handelsplatz. Im 13./12. Jh. wird das Hethiter-Reich durch die ›Seevölker‹ aus Südosteuropa zerstört. Ab 1100 v. Chr. besiedeln Griechen die Küsten Kleinasiens.
1000–4. Jh. v. Chr	Phryger und dann die Lyder (Sardes) beherrschen das Hinterland, die Griechenstädte an der Küste erleben eine Blüte. 546 erobern die Perser Kleinasien.
334 v. Chr. und 3. Jh.	Alexander der Große erobert Kleinasien und das persische Reich. Nach seinem Tod 323 kämpfen makedonische Feldherrn, die Diadochen, um die Nachfolge; in Kleinasien geht das Reich von Pergamon als mächtigste Herrschaft hervor.
2. Jh. v. Chr.–3. Jh. n. Chr.	Die Römer unterwerfen Kleinasien. Unter dem von Kaiser Augustus proklamierten ›Weltfrieden‹ erleben die Städte Kleinasiens eine neue Blütezeit. 46 n. Chr. beginnt die christliche Mission; im 3. Jh. ist Kleinasien das geistige Zentrum des Frühchristentums. Diese Friedenszeit endet 253 n. Chr. mit den Einfällen von Goten und Herulern.
333–10. Jh.	Kaiser Konstantin verlegt die Hauptstadt des Römischen Reichs nach Byzanz (Konstantinopel/İstanbul),

Geschichte

er erhebt das Christentum zur Staatsreligion. Im 6. Jh. wird Kleinasien Kernland des Oströmischen (byzantinischen) Reichs. Im Arabersturm des 7. Jh. erleiden die Küstenstädte schwere Verwüstungen.

1071–13. Jh. In Inneranatolien entsteht das Seldschuken-Reich. Zur Zeit der Kreuzzüge (1096–1204) setzen sich Genuesen, Venezianer und der Kreuzritterorden der Johanniter an der Küste fest.

1326–19. Jh. Die Osmanen steigen durch die Eroberung der großen byzantinischen Stadt Brussa (Bursa) zur Regionalmacht auf. 1453 erobert Sultan Mehmet II. Konstantinopel; Ende des byzantinischen Reichs. Vor allem die Küstenstädte bleiben aber mehrheitlich griechisch bevölkert. Die Vernichtung der Osmanenflotte bei Çeşme (1770) leitet den Niedergang des Reichs ein. 1821–30 erkämpfen die Festlandsgriechen ihre Unabhängigkeit, bis 1913 folgen die Völker Nordafrikas und des Balkans.

1923–1950 Nach dem Ersten Weltkrieg und dem Krieg gegen Griechenland um die Westküste gründet Mustafa Kemal, später Atatürk, die Türkische Republik; alle Griechen müssen das Land verlassen. Atatürk beginnt mit einer umwälzenden Reformpolitik: Abschaffung des religiösen Gesetzes, Einführung der lateinischen Schrift, des Frauenwahlrechts und einer westlichen Kleiderordnung. Er stirbt 1938, doch endet die Einparteienherrschaft seiner CHP erst 1950 mit dem Wahlsieg der Konservativen.

1950–1979 Abkehr von der ›kemalistischen‹ Politik und wachsende Wirtschaftskrise prägen die 50er Jahre, die 1960 mit dem Putsch links-kemalistischer Offiziere enden. Einem ›angedrohten‹ zweiten Staatsstreich 1971 folgt in den 70er Jahren eine zunehmende Radikalisierung nach links wie nach rechts, die 1979 in bürgerkriegsähnlichen Unruhen kulminiert.

ab 1980 Erneuter Putsch und Militärregierung. Ab 1983 unter Turgut Özal (AnaP) Wirtschaftsreformen, die zwar eine enorme Modernisierung bringen, doch Wohlstand nur für die sehr kleine Geldelite.

1998 Die islamisch orientierte ›Wohlfahrtspartei‹ (RP), seit 1995 unter Necmettin Erbakan stärkste Partei, wird auf Druck der Militärs verboten, konstituiert sich als ›Tugendpartei‹ aber neu.

Gut zu wissen!

Obwohl die Traditionen in vielen Urlaubsorten kaum noch eine Rolle zu spielen scheinen, sollte man nie vergessen, daß die Türkei ein islamisches und – immer noch – auch ein orientalisches Land ist. Insbesondere abseits des Touristenrummels heißt es aufpassen, um nicht von einem Fettnäpfchen ins andere zu treten.

Bettler: Da die Sozialsysteme der Türkei unzureichend sind, können viele ältere Menschen, vor allem Frauen, nur durchs Betteln überleben. Nach islamischer Sitte gibt man mindestens einmal am Tag ein Almosen – das wäre auch für Touristen sicher keine übermäßige Belastung.

Frauen: Traditionell sind in der Türkei Männer- und Frauenwelt strikt getrennt. Den Frauen gehört das Haus, den Männern gehören die Straßen und die Teehäuser. Im Hinterland ist es bis heute ein Tabubruch, wenn eine Frau (erst recht, wenn sie solo kommt) ein Teehaus oder eine Gaststätte *(Lokanta)* betritt. Für Familien, Frauen mit Kindern oder Paare gibt es die sog. *Aile Salonu*, von den Männertreffs abgesonderte Bereiche.

Moscheebesuch: Fünfmal am Tag singt der Muezzin und ruft damit zum Gebet. Die meisten Türken besuchen aber höchstens einmal am Tag die Moschee – freitags zum Mittagsgebet, sonst am Abend (Frauen bleiben übrigens auch dann zu Hause). Vorher wäscht man Füße, Hände und

Handeln

Im Basar, am Souvenirstand, bei Hotels und Autoverleihern ist der Preis Verhandlungssache. Wie's geht? Beginnen Sie mit Ihrem ersten Angebot etwa 30% unter dem geforderten Preis. Danach können Sie erhöhen; wenn der Händler selbst 10% Abschlag nicht akzeptiert, wenden Sie sich zum Gehen – das wirkt meist Wunder! Bloß: Nennen Sie nie einen Preis, den Sie nicht tatsächlich zahlen wollen. Schlägt der Händler ein, müssen Sie nach den Regeln kaufen, sonst wäre es ein Wortbruch. Übrigens: Beim Handeln hat man bessere Chancen, wenn man ohne ›Führer‹ oder Reiseleiter kommt; diesen stehen nämlich bis zu 30% Provision zu.

Gut zu wissen

Gesicht; am Eingang läßt man die Schuhe stehen. Touristen sollten die Gebetszeit besser meiden. Auf jeden Fall müssen sie ebenfalls die Schuhe ausziehen. Für Frauen ist ein Kopftuch vorgeschrieben; mit Shorts und Trägerhemdchen kommen auch Männer nicht hinein. Bei häufig besuchten Moscheen sind Tücher erhältlich.

Schlepper: Eine wirklich unangenehme Begleiterscheinung des Massentourismus. In den Urlaubsorten wird jeder Bummel zum Spießrutenlauf. Ständig wird man angesprochen, ob von Kellnern oder von netten jungen Männern, die einen zu einem Laden mit ›ganz günstigen‹ Angeboten führen wollen. Der Schlepper, der immer eine Provision erhält, ist eine typische, und wahrscheinlich unvermeidbare Einrichtung des türkischen Geschäftslebens. Doch bleiben Sie ganz ruhig. Sagen Sie »Hallo, guten Tag« und gehen Sie einfach weiter. Oder greifen Sie zur Zeichensprache. Für ›Nein‹ schüttelt man in der Türkei jedoch nicht den Kopf, sondern schiebt ihn in den Nacken und reckt die Kinnspitze hoch.

Türkischer Alltag: beim Spiel, Simit-Verkäufer, Backen von Saç Kavurma

Feste & Unterhaltung

Eine lebendige Festtradition ähnlich der in Italien oder Spanien wird man in der Türkei vergebens suchen. Die Feste der halbnomadischen Bauern – und bis vor 50 Jahren lebte noch der größte Teil der Bevölkerung im nomadisierenden Sippenverband – waren private Feiern (Hochzeit, Beschneidung), zu denen Wandermusiker aufspielten. Heute feiert man statt dessen in den Touristenhotels.

Religiöse Feste

Die landesweit größte Bedeutung besitzen die islamischen Feiertage Şeker Bayramı und Kurban Bayramı.
Şeker Bayramı: Das ›Zuckerfest‹ feiert das Fastenbrechen am Ende des Monats Ramadan. Man schenkt den Kindern Süßigkeiten, kauft neue Kleider und schwelgt daheim in lukullischen Genüssen. Das Fest dauert drei Tage, das öffentliche Leben erstirbt aber schon am Nachmittag des Vortags.
Kurban Bayramı: Das ›Opferfest‹ wird in Erinnerung an das Opfer Abrahams begangen, das auch den Muslimen als Symbol der Unterwerfung unter Gottes Willen heilig ist. Wer es sich leisten kann, schlachtet ein Tier für das Festmahl mit der ganzen Familie. Ein Drittel des Fleisches wird an die Armen verschenkt. Gleichzeitig ist das Fest der Höhepunkt des Wallfahrtsmonats, in dem man zur Pilgerfahrt nach Mekka aufbricht.
Termine: Die religiösen Feste und der Fastenmonat Ramadan *(Ramazan)* werden nach dem islamischen Mondkalender festgelegt und verschieben sich jährlich um ca. zehn bis elf Tage nach vorn.
Ramadan: 1998 ab 20. Dezember; 1999 ab 8. Dezember
Şeker Bayramı: 1999 ab 19. Januar
Kurban Bayramı: 1999 ab 30. März

Feiertage

Die offiziellen staatlichen Feiertage haben oft auch einen volksfestähnlichen Charakter. So geht man meist vormittags zur Parade am Atatürk-Denkmal, danach wird gefeiert.
1. Januar: Neujahr; nur in großen Städten wird Silvester gefeiert.
23. April: Tag der nationalen Souveränität und der Kinder. Tanzaufführungen von Kindergruppen in historischen Kostümen.
19. Mai: Tag der Jugend und des Sports. Auftritte von Jugendgruppen und Sportvereinen.
30. August: Tag des Sieges. Aufmärsche und Militärparaden.
29. Oktober: Tag der Republik. Aufmärsche und Militärparaden.

Ausgehen

Das Nachtleben findet an der türkischen Küste meist unter dem Sternenhimmel statt. Vor allem in den größeren Urlaubsorten kann

Feste & Unterhaltung

man in den **Bar-Vierteln** bis spät in der Nacht zwischen lauschigen Cafés und lauten Musikbars pendeln. Besonders hoch her geht es in Alanya, Bodrum, Kuşadası, Marmaris und Side.

Discos betreiben fast alle großen Hotels – das ist jedoch nicht immer sonderlich aufregend! Legendär ist aber der Ruf von Mega-Discos wie dem Halikarnas in Bodrum, der Oxyd Disco in Side, des Casablanca in Marmaris und des Manhattan in Alanya.

Für Filmfans: İzmir, Kuşadası und Antalya besitzen schöne **Open-air-Kinos**; gezeigt werden oft amerikanische Streifen in der Originalfassung mit türkischen Untertiteln.

Festival-Kalender

Mitte Januar	Efes Deve Güreşi in Selçuk: Kamelkämpfe, ein Spektakel, bei dem Kamelbullen (jetzt ist Brunftzeit!) ihre Kräfte messen.
Ende März/ Anfang April	Mesir-Fest in Manisa: Bei der Sultan Camii werden Bonbons aus einer nach einem Rezept des 16. Jh. hergestellten Paste *(mesir)* in die Menge geworfen. Sie sollen vor Schlangengift schützen.
Ende April/ Anfang Mai	Efes Kültür Festivalı: Theater- und Folkloreveranstaltungen in Selçuk/Ephesos (Open-air-Aufführungen im antiken Theater).
Anfang Mai	Marmaris Yatçılık Festivalı: Internationale Regatten, Kulturprogramm.
Mai/Juni	Yağlı Güreş: Regionale Ausscheidungen für die Ölringkampf-Meisterschaften in Edirne.
Ende Mai bis Mitte Juni	Aspendos Festivalı: Konzerte, Oper, Ballett im antiken Theater von Aspendos.
Mitte Juni	Marmaris Sanaat Festivalı: Konzerte, Theater, Wassersportwettbewerbe. Die High Society aus İstanbul gibt sich um diese Zeit in dem Badeort ein Stelldichein.
Ende Juni	Çeşme Deniz Festivalı: Wettbewerb von Pop- und Schlagersängern in der Festung von Çeşme.
Ende Juni	Foça Müzik Festivalı: Musik und Sport in Foça.
Ende August	İzmir Fuarı: Industriemesse in den Messehallen des Kültür Parkı, mit vielen Kulturveranstaltungen.
Anfang September	Bodrum Festivalı: Kunst- und Kulturfestspiele mit Auftritten der bekanntesten türkischen Stars.
Anfang Oktober	Alanya Triathlon: Sportfest mit internationaler Beteiligung.
Zweite Oktoberwoche	Akdeniz Müzik Festivalı: Internationales Musikfestival in Antalya.
Dritte Oktoberwoche	Antalya Altin Portakal Festivalı: Filmfestspiele und Prämierung türkischer Filme und Schauspieler.

Essen & Trinken

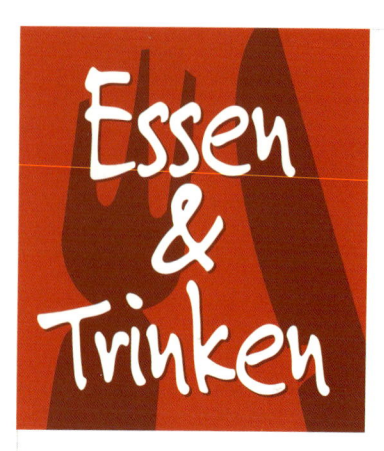

In der türkischen Küche ist die Auswahl an ›Vorspeisen‹ *(Mezeler)* besonders groß. Sie reichen von den unterschiedlichsten Salaten über Gemüse-Joghurt-Pasten und kalten oder warmen Schmorgemüsen bis hin zu eingelegtem Oktopus. In vielen Restaurants kann man sich am Büffet bedienen.

Dagegen sind die Hauptgerichte eher schlicht: zumeist Grilladen und an den Küsten natürlich Fisch. Beim Fleisch spielt Lamm eine große Rolle, Schwein gibt es fast gar nicht, da vom Koran verboten. Fisch ist, soweit frisch aus dem Mittelmeer, recht teuer – da empfiehlt es sich, vorher den Preis auszuhandeln (mehr als 20 DM muß ein Fischgericht nicht kosten).

Nicht verpassen sollte man eine Exkursion in die Welt der orientalischen Süßspeisen: köstlich zum Mokka ist etwa *Baklava*.

Wo ißt man was

Verwirrend groß ist die Spanne der Gaststättentypen: Einfach, landestypisch und sehr preiswert, so läßt sich ein *Pide Salonu* (serviert *Lahmacun* und andere Teigfladen) oder ein *Lokanta* charakterisieren. Dort kann man sich alle Speisen an Kühl- oder Warmhaltetruhen aussuchen; dazu gibt es Lamm oder Huhn vom Grill. Hier ißt man üppig für gut 15 DM. Das typische Getränk ist *Ayran*, verdünnter, gesalzener Joghurt (gut bei Hitze); wer auf Bier Wert legt, achte auf das Wort *içkili*: dann wird kein Alkohol ausgeschenkt.

Im feineren *Restoran* liegt das Preisniveau mit im Durchschnitt 30 DM pro Person deutlich höher. Der Service ist meist besser, nur selten jedoch auch das Essen...

Apropos Rechnung: Üblicherweise zahlt man in der Türkei nicht getrennt, sondern legt zusammen. Ein Trinkgeld ist wie in Europa gern gesehen.

Getränke

Tee *(Çay)* ist das Nationalgetränk und Symbol für Gastfreundschaft. Schwarztee wird als starker Sud gebraut und dann verdünnt in kleinen Gläschen serviert; in den Teegärten *(Çay Bahçesi)* kann man auch einen Samowar *(Semaver)* bestellen und die Prozedur in die eigene Hand nehmen. Der türkische Mokka *(Kahve)* ist meist nur im *Restoran* zu bekommen. Er wird vorgesüßt und mit Satz serviert. Der inländische Wein *(Şarap*, weiß: *beyaz*, rot: *kırmızı)* ist nicht unbedingt schlechter als Importware, allerdings kommt Wein oft nicht richtig temperiert auf den Tisch. Beim Bier *(Bira)* ist weniger falschzumachen; das Inlandsprodukt Efes ist süffig und preiswert. Neben *Çay* und *Ayran* ist der *Rakı* das dritte typische Getränk der Türkei. Traditionell trinkt man diesen Anisschnaps ungekühlt und mit Wasser verdünnt. Übrigens: Prost heißt auf türkisch *Şerefe*!

Essen & Trinken

In Antalyas ›Freßgasse‹ herrscht immer dichtes Gedränge

Türkische Gerichte

Mezeler (Vorspeisen)
Antep ezme   scharfes Püree aus Tomaten, Peperoni, Petersilie
Arnavut ciğeri   gebratene Leberstückchen mit Zwiebeln
Cacık   Joghurt mit Gurke, Dill und Knoblauch
Çerkes tavuğu   Hühnerfleisch in pikanter Sauce
Haydari   Püree aus Spinat, Schafskäse, Joghurt
Müjver   ausgebackene Bällchen aus geraspelten Zucchini
Patlıcan salatası   Auberginenmus
Patlıcan kızartması   fritierte Auberginenscheiben mit Knoblauchjoghurt
Piyaz   weiße Bohnen in Essig und Öl mit Zwiebeln
Su böreği   dünner Teig mit Hackfleisch oder Käse gefüllt
Tarama   Fischrogencreme
Yaprak dolması   gefüllte Weinblätter

Hauptgerichte
Adana Kebap   scharf gewürztes Hackfleisch am Spieß
İmam bayıldı   Auberginen in Olivenöl mit Zwiebeln, Tomaten
Isgara Köfte   gegrillte Fleischbällchen
İskender Kebap   Kebap auf Fladenbrot mit Joghurt
Kabak dolması   gefüllte Zucchini
Kavurma   auf dem Blech gegartes Lammfleisch
Kuzu tandır   Lammfleisch im Tontopf
Şiş Kebap   Fleischhäppchen am Spieß

Fische
Ahtapot   Oktopus
Barbunya   Meerbarbe
İstakos   Hummer
Karides   Krevetten
Kılıç Balığı   Schwertfisch
Levrek   Meerbarsch
Mercan   Rotbrasse
Orfoz   Riesenbarsch

Nachspeisen
Baklava   mit Walnüssen oder Pistazien gefüllter Blätterteig
Tel kadayıf   Teigfäden mit Walnüssen oder Pistazien in Sirup
Sütlaç   Milchpudding mit Kokos
Dondurma   Speiseeis

Obst
Karpuz   Wassermelone
Kavun   Zuckermelone

Sport & Freizeit

Mit ihren buchtenreichen Küsten, dem mächtigen, einsamen Taurus-Gebirge und weiten Sandstränden ist die Türkei ein Paradies für einen Aktivurlaub.

Golf

Den einzigen Golfplatz an der türkischen Küste gibt es beim neuen Ferienort Belek östlich von Antalya (Tel. 0242/725 46 20). Das jüngst angelegte Gelände am Meer erstreckt sich über Dünen und *greens* mit Kiefernbewuchs. Eine Golfschule hat z. B. das Paradise Tat Beach Golf Hotel, Tel. 0242/725 40 76, Fax 725 40 99.

Mountainbiking

Mit einem geländegängigen Fahrrad sind abgelegene Dörfer und landschaftliche Highlights am besten zu erreichen. Gute Kondition und Fahrvermögen (Schotterpisten!) sind Voraussetzung; beste Zeit die Monate März–Mai. In vielen Urlauberzentren kann man Räder leihen. Ein spezialisiertes Mountainbike Center gibt es in Kemer (Hotel Türkiz, Yalı Cad. 3, Tel. 0242/814 41 00), das auch Touren in den Olimpos Beydağları-Nationalpark organisiert.

Rafting

Die Gebirgsflüsse im Taurus über der Südküste bieten gute Wildwasserreviere. Am bekanntesten ist der Köprülü Kanyon westlich von Side. In der Saison kann man am Forellenrestaurant hinter Beşkonak zu geführten Touren durch zwei Canyons starten, die auch für Anfänger geeignet sind. Abenteuerlicher noch sind Abfahrten auf dem Manavgat-Fluß nördlich von Side. Die beste Strecke beginnt bei der Şahap-Brücke zwischen Aydınkent und Akseki, wo der Fluß durch drei Canyons mit Fällen der 5. Klasse strömt. Aber Achtung: Starten Sie nie ohne Führer! Spezialisierte Anbieter in Side, z. B. Şelale Tours, Liman Cad. 20 Tel. 0242/753 10 66.

Segeln

Detaillierte Informationen zu Segeltouren und Jachtcharter s. S. 88 (Extra-Tour 3, Die Blaue Reise).

Sport & Freizeit

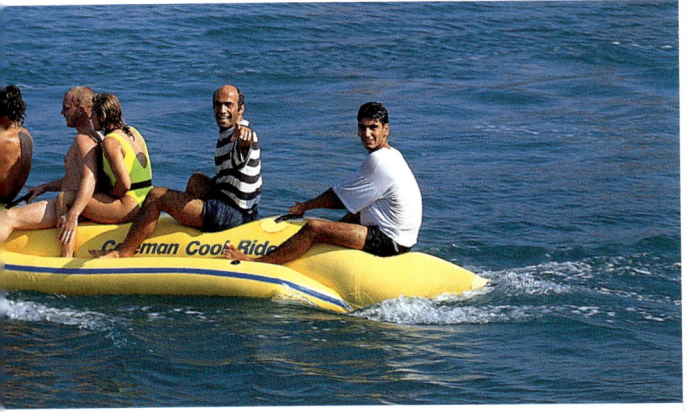

Banana Riding ist der neuste Zeitvertreib am Meer

Tauchen

Tieftauchen mit Flasche *(Scuba Diving)* ist nur in Begleitung türkischer Tauchführer erlaubt. Damit soll ›Schatztauchen‹ unterbunden werden (alle antiken Funde müssen bei der Polizei gemeldet und abgegeben werden). In fast allen Urlaubsorten bieten Tauchschulen Wochenkurse zum Erwerb des Padi- oder CMSA-Brevets an (um 400 DM). Ausrüstung wird gestellt; das nötige Gesundheitszeugnis erledigt ein türkischer Arzt. Fortgeschrittene können Ausrüstung leihen.

Wassersport

An den Stränden der Urlaubszentren werden Tretboote, führerscheinfreie Motorboote und Surfbretter verliehen. Für Starkwindsurfer bieten Turgutreis und Bitez (beide nahe Bodrum) oder der Patara-Strand gute Reviere. Häufig angeboten werden auch Wasserski, Jet-Ski oder *Banana Riding*, dazu Paragliding mit dem Boot. Der neuste Schrei in den großen Orten sind *Aqua Parks*, ›Spaßbäder‹ mit vielen, teils sehr steilen Wasserrutschen.

Wandern/Reiten

Schöne Wanderareale sind die Mittelgebirgshöhen des Samsun Dağı nahe Kuşadası oder am Çamiçi-See nahe Bodrum und die Hügel um den Köyceğiz-See nahe Marmaris. Wanderferien in ländlicher Umgebung, die auch einen Einblick in den türkischen Alltag bieten, kann man buchen bei:
– Agora Pansiyon, Herakleia/Kapıkırı: Touren zu den Klöstern am Latmos-Berg über dem Bafa-See. Tel. und Fax: 0252/534 54 45
– Dardanos Hotel, Patara/Gelemiş: Touren durch die lykischen Bergwälder bei Fethiye. Tel. 0242/843 51 09, Fax 843 51 10
– Geführte Hochgebirgstouren im Taurus veranstaltet der TODOSK, Antalya, Tel. 0242/248 13 91.

Auch **Reiten** kann man an manchen Orten, z. B. in Side, İçmeler oder Bodrum, besonders schön aber auf der Berke Ranch, einer kleinen Idylle in den Bergen über Kemer: Çamyuva, Kuzdere, Tel./Fax 0242/814 52 18.

Sprachführer

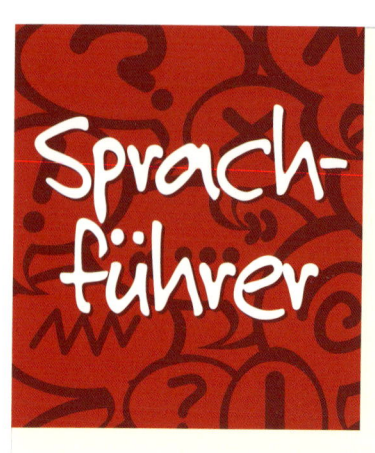

Auf den ersten Blick sind türkische Sprachkenntnisse in den Touristenzentren an den türkischen Küsten überflüssig: Kaum einer, der nicht zumindest etwas Deutsch spricht, zumeist sogar erstaunlich gut. Im Millionengeschäft des Fremdenverkehrs sind solche Sprachkenntnisse halt das wichtigste Kapital; und manch ein ›Deutschtürke‹ findet hier einen krisenfesteren Job als im kalten Norden. Anders sieht das mit der Sprache allerdings im Hinterland aus, wo kaum jemand eine Fremdsprache beherrscht.

Um wenigstens einige Sätze und die Ortsnamen richtig sagen zu können, sollte man sich zumindest die Aussprache einprägen; manche Buchstaben werden nämlich ganz anders gesprochen, als erwartet.

Aussprache

- **c** entspricht dsch;
  cami (Moschee) – dschami
- **ç** entspricht tsch
  kaç (wieviel) – katsch
- **e** entspricht kurzem, offenen ä
  evet (ja) – äwät
- **ğ** als Längung nach a, ı, o, u
  dağ (Berg) – daa
  wie j nach e, i, ö, ü
  değil (nicht) – dejil
- **h** wie in Hans vor Vokal;
  wie ch in Macht nach dunklem Vokal
  bahçe (Garten) – bachtsche
  wie ch in ich nach hellem Vokal
  salih (fromm) – salich
- **ı** wie das dumpfe e in laufen
  halı (Teppich) – hale
- **j** stimmhaft wie das g in leger
  plaj (Strand) – plaasch
- **s** stimmloses s wie in Masse
  su (Wasser) – ßu
- **ş** entspricht sch
  şelale (Wasserfall) – schelale
- **v** wie in Wut
  ve (und) – we
  hinter a wie u
  pilav (Reis) – pilau
- **y** entspricht deutschem j
  yol (Weg) – jol
- **z** stimmhaftes s wie in Rose
  güzel (schön) – güsel

Zahlen

0	sıfır	30	otuz
1	bir	40	kırk
2	iki	50	elli
3	üç	60	altmış
4	dört	70	yetmiş
5	beş	80	seksen
6	altı	90	doksan
7	yedi	100	yüz
8	sekiz	500	dört yüz
9	dokuz	1000	bin
10	on	10 000	on bin
11	on bir		
12	on iki	25 000	yirmi beş bin
13	on üç		
14	on dört	100 000	yüz bin
15	on beş		
16	on altı	250 000	iki yüz elli bin
17	on yedi		
18	on sekiz	500 000	beş yüz bin
19	on dokuz		
20	yirmi	1 000 000	bir milyon
21	yirmi bir		

Sprachführer

Die wichtigsten Sätze

Begrüßung

Guten Tag	İyi günler
Hallo, Willkommen	Merhaba
Guten Morgen	Günaydın
Guten Abend	İyi akşamlar
Auf Wiedersehen	Allaha ısmardalık (sagt der, der geht) – Güle, güle (letzte Silbe betont; sagt der, der bleibt)
Willkommen!	Hoş geldiniz (sagt der Gastgeber, Antwort: Hoş bulduk)

Allgemeine Floskeln

Einverstanden!	Tamam!
Bitte !	Lütfen!
Danke!	Teşekkür ederim!
Wie bitte?	Efendim?
Entschuldigung!	Pardon!
ja/nein	evet / hayır
wahrscheinlich	heralde
sehr gut	çok iyi
Gibt es (Bier)?	(Bira) var mı?
Es gibt (Bier).	(Bira) var.
(Bier) gibt es nicht.	(Bira) yok.
Ich möchte (Tee)!	(Çay) istiyorum!
Ich verstehe nicht!	Anlamıyorum
Bitte helfen Sie mir!	Lütfen bana yardım edin!

Unterwegs

rechts/links	sağda/solda
geradeaus/zurück	dosdoğru/geri
Ist das die Straße nach …?	Bu …e (-a) giden yol mu?
Fahren Sie nach …?	…e (-a) gidiyor musunuz?
Wo ist die nächste Bushaltestelle/Tankstelle?	En yakın otobüs durağı nerede/ benzin istasyonu nerede?
Volltanken bitte!	Depoyu doldurun lütfen!
Füllen Sie bitte Kühlwasser nach!	Radyatör suyunu doldurun lütfen!
Füllen Sie bitte Öl nach!	Lütfen yağı tamamlayın!
Ich habe eine Panne.	Arabamda bir arıza var.
Holen Sie bitte die Polizei/den Arzt.	Polis/doktor getirin lütfen!
Fährt dieser Bus nach …?	Bu otobüs …e (-a) gider mi?
Wo ist das Hotel/die Pension…?	En yakın … oteli / pansiyonu?
Kann ich ein Zimmer haben?	Bir oda alabilir miyim?
– Dusche/Toilette	– duş / tuvalet
Zeigen Sie mir bitte das Zimmer.	Lütfen bana odanın gösterir misiniz?
Wo ist die nächste Bank?	En yakın banka nerede?
– der nächste Taxistand?	En yakın taksi durağı nerede?
Die Rechnung bitte!	Hesap lütfen!

Reise-Service

Auskunft

Türkische Fremdenverkehrsämter

... in Deutschland
– Tauentzien Str. 7, 10789 Berlin
Tel. 030/214 37 52, Fax 214 39 52
– Karlsplatz 3, 80335 München
Tel. 089/59 49 02, Fax 550 41 38
... in Österreich
Singerstr. 2/VIII, 1010 Wien
Tel. 0222/512 21 28, Fax 513 83 26
... in der Schweiz
Talstr. 82, 8001 Zürich
Tel. 01/221 08 10, Fax 212 17 49

Informationsstellen in der Türkei

In allen Ferienorten ist ein Informationsbüro *(Turizm Danışma Bürosu)* zu finden (Prospekte, Ortspläne).

Information im Internet

Weitere Informationen über die Türkei auch bei DuMont:
http://www.dumontverlag.de

Reisezeit

Die beste Reisezeit ist das späte Frühjahr von Anfang Mai bis Mitte Juni: Dann ist die Pflanzendecke noch nicht in der Sonne verdörrt – und man kann bereits baden. Auch für Exkursionen zu den antiken Stätten ist dies die beste Zeit; im Sommer fällt es bei 40° C immer schwerer, sich vom Meer oder vom Hotelpool zu entfernen.

Wer hitzeempfindlich ist, sollte die Südküste im Sommer meiden. Wenn die Temperatur im Hotelzimmer auch nachts nicht unter 30° C fallen will, bleibt einem nichts anderes, als sich bis zum frühen Morgen in die Open-air-Bars zu flüchten – Urlaubsstädtchen wie Bodrum, Kaş, Kuşadası oder Side bieten da allerdings genügend Möglichkeiten.

Einreise

Bis zu einer Aufenthaltsdauer von drei Monaten können Deutsche, Österreicher und Schweizer mit dem Reisepaß oder auch dem Personalausweis einreisen.

Autofahrer benötigen immer einen Paß, den nationalen Führerschein, Kfz-Schein und die internationale grüne Versicherungskarte, die auf den asiatischen Teil der Türkei gültig geschrieben sein muß. Der Abschluß einer Vollkaskoversicherung ist ratsam.

Anreise

Mit dem Flugzeug

Per Charter werden die Flughäfen İzmir, Dalaman, Antalya und seit 1998 auch Bodrum angeflogen, im Linienverkehr fliegt Turkish Airways *(Türk Hava Yolları,* THY) nach İzmir und Antalya. Zu jeder Ankunft sind Wechselschalter und Leihwagenagenturen geöffnet.
Flughafen İzmir: Etwa 25 km südlich des Zentrums. Zubringerbusse nach İzmir-Zentrum nur bei THY-Flügen. Sonst per Taxi ins Zentrum von İzmir (ca. 25 DM) oder mit der Bahn zum Bahnhof Alsancak in İzmir oder nach Selçuk (von dort Fernbusse nach Bodrum bzw. Kleinbusse nach Kuşadası).
Flughafen Bodrum: 18 km von Bodrum Richtung Güllük. Keine Zu-

Reise-Service

bringerbusse; per Taxi für ca. 15 DM nach Bodrum; an der Hauptstraße kann man einen Dolmuş (nach Bodrum und Milas) stoppen.
Flughafen Dalaman: Etwa 7 km südlich der Stadt. Keine Zubringerbusse; Taxis fahren nach Bodrum, Marmaris (120 km) und Fethiye (70 km) zu festen Tarifen (ausgeschildert). In Dalaman (per Taxi ca. 8 DM) halten die Fernbusse zwischen Fethiye und İzmir; nach Fethiye oder Marmaris gelangt man auch per Dolmuş.
Flughafen Antalya: Etwa 10 km östlich der Stadt. Einen Shuttle-Bus gibt es nur bei THY-Flügen. Sonst mit dem Taxi (ca. 15 DM) ins Zentrum mit der Fernbus-Station, um von dort weiterzureisen. Nach Side, Kemer und Alanya fährt man per Taxi zu festen Tarifen.

Mit dem Auto

Der Landweg über den Balkan ist vermutlich noch auf geraume Zeit nicht zu empfehlen. Sowohl für Jugoslawien (Serbien) als auch für Rumänien benötigt man ein Visum, an den Grenzen ist mit langen Wartezeiten zu rechnen.

So führt die einzige Strecke für Selbstfahrer über Italien: Fährverbindungen bestehen von Venedig nach İzmir, Marmaris und Antalya, von Brindisi nach Çeşme.

Unterwegs in der Türkei

Mit dem Flugzeug

Eine Direktverbindung bietet THY nur zwischen Antalya und İzmir. Nach Dalaman müßte man via İstanbul reisen. Eventuell gibt es in der Hochsaison auch Direktflüge kleinerer Gesellschaften.

Mit der Bahn

Die Bahn ist billig, fährt aber nur Bummeltempo. Auf der einzigen Strecke an der Küste zwischen İzmir und Selçuk (nahe Kuşadası) kann man einen nostalgischen Trip nach İzmir unternehmen.

Mit Bus und Dolmuş

Das wichtigste öffentliche Verkehrsmittel in der Türkei sind Busse. Sie sind komfortabel, preiswert und fahren in dichtem Takt. Fernbusse verbinden alle Orte an den Überlandstraßen im Zweistunden-Rhythmus. Die Bushöfe *(Otogar)* liegen bei größeren Städten zumeist etwas außerhalb und sind mit dem Zentrum (Şehir Merkezi) per Dolmuş-Verkehr verbunden); bei kleinen Orten sind sie an der Ortszufahrt an der Fernstraße zu finden. Reservierung ist nur an Wochenenden und vor und nach den islamischen Feiertagen nötig, sonst kann man im Bus zahlen.

Zwischen den Dörfern verkehren Kleinbusse nach dem Dolmuş-Prinzip: Sie starten erst, wenn (fast) alle Plätze besetzt sind. Die Busse fahren meist von einem gesonderten Bushof ab, in kleineren Orten an der Haltestelle der Fernbusse. Das Fahrziel ist an der Windschutzscheibe angegeben, die Tickets gibt's an Bord. An der Strecke kann man überall zusteigen (Handzeichen geben).

Mit dem Taxi

Taxifahren ist in der Türkei recht günstig. Die Fahrer der gelben Wagen müssen nach Taxameter

Reise-Service

abrechnen! Achten Sie beim Start immer darauf, daß das Taxameter eingeschaltet wird.

Taxis können auch für Tagestouren oder längere Ausflüge zu Festpreisen gechartert werden – eine gute Alternative zum Leihwagen. Der Preis muß im voraus ausgehandelt werden, meist wird Zahlung in DM verlangt.

Mit dem Schiff

Die frühere Fährlinie von İstanbul über İzmir nach Antalya oder Alanya verkehrt inzwischen nicht mehr regelmäßig.

An der Westküste gibt es zwei reguläre Fährlinien zwischen Datça und Bodrum sowie zwischen Bodrum und Altınkum/Didim Plaj (s. S. 42). Eine Platzreservierung ist nur für Pkw-Fahrer erforderlich.

Mit dem Auto

Das Straßennetz an der West- und Südküste ist in recht gutem Zustand, die Hauptstraßen sind fast alle dreispurig ausgebaut worden. Anders ist die Situation im Hinterland. In Bergregionen sind sehr schmale, kurvige und selbst an Steilabstürzen ungesicherte Pisten keine Seltenheit. Türkische Autofahrer verhalten sich zumeist sehr defensiv, Vorsicht aber bei Bussen und Lkw! Zur Rush-Hour in den Großstädten muß man mit chaotischen Verhältnissen rechnen.

Leihwagen: In allen Städten und auch in den kleinsten Urlaubsorten werden Leihwagen vermietet. Die internationalen Agenturen Europcar, Avis, Hertz sind in der Regel teurer als die türkischen, bieten jedoch besseren Notfallservice. Ein zuverlässiger türkischer Anbieter ist Airtour, der Filialen in allen wichtigen Städten von İzmir bis Alanya hat. Die Tagespreise liegen zwischen 70–110 DM für einen Pkw und 120–150 DM für einen Jeep. In der Nebensaison kann man handeln.

Verkehrsregeln: Höchstgeschwindigkeit innerorts 50 km/h, auf den Staatsstraßen 90 km/h. Es besteht Gurtpflicht sowioe ein absolutes Alkoholverbot. Die Verkehrsschilder entsprechen internationalen Standards.

Hinweisschilder

Dikkat: Achtung / *Dur:* Stopp
Yavaş: Langsam / *İnşaat:* Baustelle
Şehir Merkezi: Stadtzentrum

Tankstellen haben in der Regel auch sonntags geöffnet, an großen Überlandstraßen viele durchgehend 24 Std. lang.

Tips für Autofahrer: Türkische Autofahrer hupen gern. Lassen Sie sich davon nicht irritieren. Man will nur auf sich aufmerksam machen, z. B. beim Überholen.

Etwas Gewöhnung erfordert das Dreispursystem, das Überholmanöver aus beiden Richtungen gestattet. Man sollte dort sehr weit rechts fahren, um Platz für beidseitiges Überholen zu lassen.

Bei Fahrten in abgelegenen Bergregionen muß man sich auf Schotterpisten und bis über 10% Gefälle einstellen. Steile Abfahrten lassen sich im ersten Gang gut meistern. Achtung vor Kurven oder in unübersichtlichem Gelände: Freilaufende Ziegen auf den Straßen sind nicht selten. Nachts fahren viele Autos nur mit Standlicht.

Unfälle: Bei jedem Unfallschaden, der über Haftpflicht- oder Kaskoversicherung zu regulieren ist, muß ein Polizeibericht aufgenommen werden, was immer einen Alkoholtest bedeutet. Bei gravierenderen Unfällen oder Personen-

Reise-Service

schäden lassen Sie sich am besten einen deutschsprechenden Anwalt durch die Botschaft oder die Konsulate vermitteln (Adressen s. Wichtiges in Kürze).

Der Türkische Touring- und Automobilklub (TTOK) hilft immer, wenn es ums Auto geht. Er unterhält eine Unfallhilfe und einen Abschleppdienst (Adressen s. Wichtiges in Kürze).

Unterkünfte

An der türkischen Küste sind seit 1985 Hotels zu Hunderten entstanden. Abgesehen von der damit verbundenen Landschaftszerstörung wird es den Urlauber freuen: Selten gibt es am Mittelmeer ein so modernes Hotelangebot wie zwischen Çeşme und Alanya.

Aufgrund des Überangebots ist die Konkurrenz groß, was die Preise wiederum niedrig hält: Auch der Preisbewußte kann sich in der Türkei durchaus verwöhnen lassen. Schon in der mittleren Preisklasse ab 50 DM (›moderat‹) kann man in den Urlaubsorten mit einem kleinen Pool und einer Bar rechnen, ab 90 DM (›teuer‹) gehören Sportangebote, Restaurants, Sauna und oft auch eine Disco zum Standard. Höher nur die Preise in den großen Städten (İzmir, Antalya), da die Hotels hier mit Geschäftsleuten rechnen.
Hotels: Grundsätzlich sollte man sich das Zimmer zeigen lassen, bevor man einbucht. Der Preis bezieht sich auf eine Doppelbelegung, als Single zahlt man jedoch kaum weniger. Als Hochsaison gelten trotz der Hitze die Monate Juli/August: In dieser Zeit muß man mit Aufschlägen von 30 % rechnen. Frühstück ist in der Regel im Preis enthalten, als Standard erhält man nach türkischer Sitte Gurke, Tomate, Schafskäse, Oliven und Brot, aber auch Ei und Honig oder Marmelade. Übrigens: Buchungen für einen längeren Zeitraum sind pauschal über die Veranstalter günstiger als im Land.
Pensionen: In den 70er Jahren war der Standard türkischer Pensionen unter Rucksackreisenden geradezu berüchtigt – in den Großstädten ist dies auch heute noch so. Doch gibt es in den Ferienstädtchen zahlreiche ansprechende Pensionen *(Pansiyon)*, die zwar schlicht ausgestattet sind, dafür aber oft eine familiäre Atmosphäre bieten: so in Bodrum, Kaş, Side und in der Altstadt von Kuşadası.
Feriendörfer: Der Club Méd hat Dörfer bei Bodrum, Foça und Kemer, der Robinson Club bei Kemer, Side und Marmaris. Ähnlich guten Komfort zu günstigeren Preisen bieten etliche neuere Anlagen türkischer Gesellschaften.
Camping: Einrichtungen für einen Campingurlaub am Meer sind vor allem im Norden der Westküste zu finden. Die Broschüre »Turkey – Camping« der türkischen Fremdenverkehrsämter listet alle lizensierten Campingplätze auf.

Behinderte

Ein behindertenfreundliches Reiseland ist die Türkei nicht, aufgrund fehlender Sozialsysteme können türkische Behinderte nur als Bettler überleben. Da die Gestaltung der Bürgersteige (und ihrer Höhe) Privatsache ist, wird selbst ein Stadtbummel zum Hindernislauf. Sogar in den Luxushotels ist eine behindertengerechte Architektur bislang selten.

Orte v

Die besten Restaurants und die urigsten Lokale zwischen Ayvalık und Alanya, paradiesische Strände an der ›Riviera‹ und der Westküste, die angesagtesten Discos in den Nightlife-Zentren Bodrum, Marmaris und Side, Märkte und Basare mit türkischem Kunsthandwerk – dieser Führer zur türkischen Küste von Ägäis und Mittelmeer gibt Ihnen nützliche Tips

on A–Z

und ausgesuchte Adressen an die Hand, damit ihr Urlaub zu einem Erlebnis wird! Dazu natürlich auch Unterkünfte für Individualreisende, Tips zum Besuch der berühmten antiken Stätten und landschaftlicher Highlights: Die türkische Küste in kompakter, überschaubarer Form für den, der viel sehen und nichts verpassen will…

Alanya

Orte von A bis Z

Orte von A-Z

Alle interessanten Orte und ausgewählte touristische Highlights auf einen Blick – alphabetisch geordnet und anhand der Lage- bzw. Koordinatenangabe problemlos in der großen Extra-Karte zu finden.

Alanya

Lage: L7
Vorwahl: 0242
Einwohner: 60 000

Ein dunkel-mächtiger, weit ins Meer ragender Fels, darauf die kilometerlangen Mauern einer seldschukischen Festung, die über eine schmale Küstenebene und eine weite Strandbucht blickt: das ist Alanya, das wichtigste Ferienzentrum der Südküste nach Side. Die Hotels sind zwar nicht so luxuriös, doch liegt eine lebendige Stadt mit türkischem Alltagsleben gleich vor der Tür.

Kızıl Kule: Der achteckige, 33 m hohe ›rote Turm‹ am Hafen wurde 1225 von den türkischen Seldschuken erbaut und beherbergt heute ein kleines Museum zur Volkskunst (tgl. außer Mo 8–12, 13.30–17.30 Uhr).
Bootstour: Vor dem Turm starten Boote zur Fahrt um den Burgberg mit Besichtigung der seldschukischen Werft (Tersane), der ›Phosphorhöhle‹ mit fluoreszierenden Lichteffekten und der kleinen Kleopatra-Bucht, an der die ägyptische Königin gebadet haben soll.

İç Kale: Die Festung hoch über Alanya (tgl. 8–19 Uhr) bietet eine atemberaubende Aussicht. Im Innern ist nur noch eine Kuppelkirche erhalten, doch zeugen die Süleymaniye-Moschee, die Statthalter-Residenz Ehmedek und historische Holzhäuser vor den Mauern von der früheren Besiedlung. Oben kann man einen Proberitt auf einem Kamel unternehmen, rund um die Moschee werden handgearbeitete Souvenirs verkauft. Für den steilen Weg hinauf nimmt man am besten ein Taxi (ab Kuyularönü Camii); beim Rückweg zu Fuß kann man die grandiosen Mauern bestaunen.

Alanya-Museum: Damlataş Cad., tgl. außer Mo 9–12, 13.30–17.30 Uhr. Archäologische Funde (Seydra, Iotape) sowie osmanische Stücke.

Der **Damlataş-Strand** westlich vom Burgberg ist der beliebteste Strand (viel Wassersport). Idyllisch ruhig ist es noch am **Ulaş-Strand** einige Kilometer im Westen. Die lange **Ostbucht** ist in Stadtnähe nicht besonders sauber; besser wird es beim Hotelzentrum Mahmutlar.

Orte von A bis Z **Alanya**

- 👁 Sightseeing
- 🏛 Museen
- 🏊 Baden/Strände
- ⚽ Sport & Freizeit
- 🚣 Ausflüge
- ℹ Information
- 🏨 Hotels
- 🍴 Restaurants
- 🛍 Shopping
- 🌃 Nightlife
- 🎉 Feste
- 🔄 Verkehr

🚣 **Tauchen:** Alanya ist eine Hochburg für Taucher. Gute Kurse, beste Trips sowie Equipment der großen Marken zu günstigen Preisen bekommt man bei Active Divers, İskele Cad. (zwei Shops), Tel. 512 88 11.

🚣 **Side**, **Perge** und **Antalya** sollte man nicht verpassen.

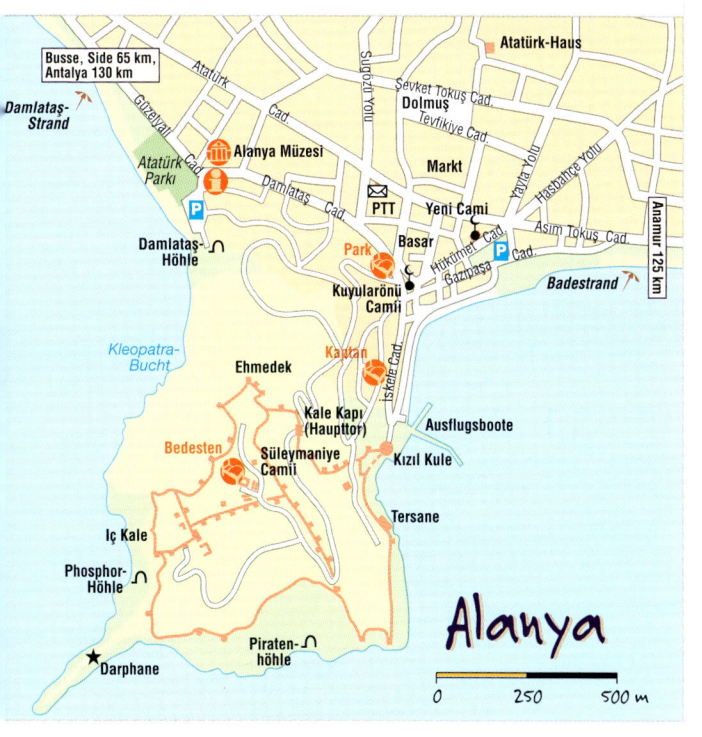

Alanya

Orte von A bis Z

Prachtvolle Aussicht von der Festung über Alanya

Iotape (L8): 35 km östlich. Durch Bananenplantagen erreicht man einsame Badebuchten, die von antiken Ruinen gesäumt werden.
Anamur (M8): 130 km östlich. Ein noch ursprüngliches Städtchen mit viel Flair, vor allem Mo und Do, wenn Markt ist. 4 km hinter Anamur liegt mit der **Mamure Kalesi** die schönste Kreuzfahrerburg der Südküste. Mindestens Ganztagestour; evtl. Unterkunft: Motel Karan, 1 km östlich der Burg: einfache, aber saubere Zimmer am Strand, Tel. 324/827 16 89.

Damlataş Caddesi 1, beim Museum, Tel. 513 12 40.

Kaptan: İskele Cad. 70, Tel. 513 49 00, Fax 513 20 00, moderat.
Jüngst renoviertes Altstadthotel mit kleinem Pool und rustikalen Zimmern. Hier ist man bei schöner Aussicht mitten im Trubel.
Bedesten: Auf dem Burgberg, Tel. 512 12 34, Fax 513 79 34, moderat.
Eine Herberge für Individualisten: in einer restaurierten historischen Karawanserei, stilvolles Ambiente, mit Pool und Restaurant.
Park: Hürriyet Meyd., nahe Kuyularönü-Moschee, Tel. 513 16 75, Fax 513 25 89, moderat.
Geräumige Zimmer mit Balkon in neuerem Mittelklassehaus. Zentral gelegen und mit Pool.
Alantur: 6 km östlich am Strand, Tel. 518 17 40, Fax 518 17 56, teuer.
Clubhotel in schönem Garten mit großem Sportangebot (Parasailing, Tauchen etc.), Disco-Bar am Strand und mehreren Restaurants.

Ravza: In einer Basargasse zwischen Gazipaşa und Hükümet Cad. Eines der letzten einfachen *Lokanta,* die den Umbau des Viertels zur touristischen Einkaufszone überlebten. Spezialität; *İskender Kebap:* Döner-Fleisch auf Fladenbrot mit Joghurtsauce.
İskele: Am Kızıl Kule. Fischspezialitäten und türkische Traditionsgerichte mit Blick auf Fischerboote: sehr romantisch!
Mahperi: Gazipaşa Cad., mit Terrasse zum Hafen. Gilt als bestes Fischrestaurant von Alanya. Gepflegtes Ambiente, doch teuer.
Köyüm: Hükümet Cad. Schickes Open-air-Restaurant mit Bambusmöbeln und Wasserspielen.

Einkaufsmeile ist die Gazipaşa Caddesi im **Basarviertel** mit vielen Teppich- und Schmuckläden. Textilien und Gewürze gibt es auch im neuen Basar nördlich der Atatürk Caddesi, wo freitags der **Wochenmarkt** stattfindet.

Orte von A bis Z # Antalya

🥂 **Club 13:** İskele Cad., am Hafen. Holzhaus über drei Stockwerke mit Pub-Restaurant, ab 22 Uhr öffnet die Disco.
Manhattan Club: Gazipaşa Cad., am Hafen. Die In-Disco von Alanya, im Obergeschoß des Turmbaus tanzt man mit toller Aussicht.
Zapfhahn: Am Hafen hinter dem Restaurant Janus. Musikbar mit ›fliegenden‹ Autos unter halb geöffnetem Wellblechdach.

🔄 **Busse:** Von der Dolmuş-Station nördlich vom Basarviertel häufig Verbindung nach Side/İncekum und zur östlichen Hotelzone (Obaköy, Mahmutlar); seltener nach Anamur. Fernbus-Station nördlich der Durchgangsstraße nach Westen.
Leihwagen: Airtour, Atatürk Cad. 1, Tel. 512 74 20.
Motorräder: Road Runner, İskele Cad. 86, Tel. 512 20 02.

Unterhalb von Antalyas Yivli Minare werden stilvolle Souvenirs verkauft

Antalya

Lage: H6
Vorwahl: 0242
Einwohner: offiziell 400 000
Extra-Tour 4: s. S. 90

Die alte Hafenstadt vor der Bergkulisse des Taurus-Massivs verzeichnet heute das prozentual höchste Bevölkerungswachstum aller türkischen Orte. Neubauquartiere umwuchern die romantische Altstadt mit ihren osmanischen Holzhäusern, die sich auf einem Felsplateau über dem idyllischen Hafen erstreckt. Zugleich ist sie eine der ›westlichsten‹ Städte der Türkei, deren moderne Jugend die Boulevards mit ihrem mediterranem Flair, die Discos und Teegärten am Hafen nicht weniger genießt als die Touristen.

🧭 **Yivli Minare:** Das unübersehbare ›Gerillte Minarett‹, um 1220 von den Seldschuken erbaut, ist das Wahrzeichen Antalyas, das sich einst hinter mächtigen Stadtmauern verschanzte. Ein letzter Rest dieser Wälle ist der **Uhrturm** an der Cumhuriyet Cad.
Hafen: Souvenirläden säumen den Weg hinunter zum Hafen, in dem heute Jachten und Ausflugsboote ankern. Im Schutz der Hafenmauern geht es in den Cafés und Restaurants auch abends hoch her.
Atatürk Caddesi: Der von Palmen beschattete Boulevard entlang der alten Stadtmauer ist eine beliebte Flaniermeile. In den Restaurantgärten werden Hühnchen gleich dutzendweise am Spieß gebraten.
Hadrianstor: Prachtvolles Römertor an der Atatürk Caddesi mit skulptierten Marmorplatten, er-

Antalya

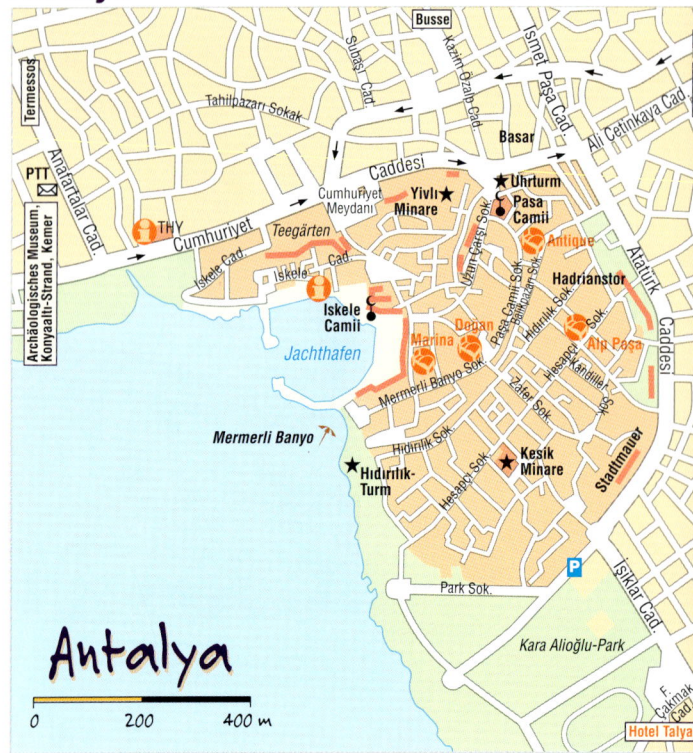

Orte von A bis Z

baut kurz vor 130 n. Chr. anläßlich des Besuchs des römischen Kaisers Hadrian.

Kara Alioğlu-Park: Der Stadtgarten von Antalya, in dem man in subtropischer Vegetation die schönsten Teegärten der Stadt findet. Am Nordende der Hıdırlık Kulesi, ein römischer Leuchtturm.

Lara im Osten und **Konyaaltı** im Westen sind die beiden großen Sandstrände von Antalya; vor allem in Lara viele Hotels. Am Hafen liegt, eingezwängt zwischen Felsen, das **Mermerli Banyo**, der winzige ›Stadtstrand‹. Viel Badespaß versprechen die beiden **Aqua Parks,** einer neben dem Dedeman Hotel in Lara, einer beim Sheraton am Konyaaltı-Strand.

Vom Hafen Bootstouren zum unteren Düden-Fall östlich der Stadt, aber auch nach Side und Phaselis bei Kemer.

Düdenbaşı Şelalesi: 10 km vom Zentrum entfernt (Bus vom *Minibüs Garaj* an der Ali Çetinkaya Cad.). Bei den oberen Düden-Fällen gibt es einen Picknickpark; durch Gänge in den Felsen kann man hinter den Fall gelangen.

Termessos: 40 km nördlich von Antalya (per Bus nur bis zum Eingang des Nationalparks, dort weiter per Taxi, 9 km). Antike Stadt hoch in den Bergen des wild-romantischen Güllükdağ-Nationalparks versteckt. Sehenswert sind das Gymnasion, die auf künstlichen Unterbauten errichtete Agora und das Theater. Bei der

Orte von A bis Z **Antalya**

Rückfahrt lohnt ein Abstecher in die Weiler rund um **Döşemealtı**, wo die traditionelle Teppichknüpferei noch lebendig ist.

Cumhuriyet Caddesi 91, Tel. 241 17 47, Fax 247 62 98.

Antique Pansiyon: Paşa Camii Sok., Tel. 242 46 15, günstig.
Mitten in der Altstadt, einfache Zimmer mit Dusche/WC, Bar und Frühstücksgarten.
Doğan Pansiyon: Mermerli Banyo Sok. 5, Tel. 241 88 42, Fax 247 40 06, moderat.
Sehr schick renoviertes Altstadthaus mit schönen Antiquitäten. 15 Zimmer mit Ventilator; kleiner Garten mit Wasserfall.
Marina: Mermerli Sok. 15, Tel. 247 54 90, Fax 241 17 65, moderat.
In einer ruhigen Gasse in der Altstadt oberhalb der Hafenmoschee; Mittelklassehotel in drei aufwendig renovierten Häusern an der alten Festungsmauer, einen Garten mit Pool gibt es auch, alle Zimmer haben Klimaanlage.
Dedeman: Lara Yolu, Tel. 321 79 10, Fax 321 38 73, Luxus.
Fünfsterne-Haus auf der Felsküste Richtung Lara-Strand, ca. 3 km vom Zentrum. Konferenzsäle für Geschäftsleute, Kindergarten und Animation für Urlauber. Zum Privatstrand fährt man per Lift.

Achtapot: Am Hafen direkt gegenüber dem Kai der Ausflugsboote. Spezialisiert auf Fisch und Meeresfrüchte.
Alp Paşa: Im ruhigeren Teil der Altstadt nahe Hadrianstor (Hesapçı Sok.). Feine türkische Küche im schönen Garten dieses neuen, aus zwei renovierten Konak-Häusern hervorgegangenen Hotels.
Gaziantep: Mitten im Basar, rechts der Kazim Özalp-Fußgängerzone.

Auch für Museumsmuffel...

**Das Archäologische Museum von Antalya darf man nicht verpassen. Die sehr stimmungsvoll mit geheimnisvollen Lichteffekten präsentierten Sammlungen zeichnen die gesamte Kulturentwicklung Anatoliens von den Neandertalern bis zum 19. Jh. nach. Prunkstück ist die Galerie der Götter von Perge: Sehr gut erhaltene, lebensgroße Statuen von Göttern, mythischen Heroen und römischen Kaisern, die bei der Ausgrabung dieser bedeutenden antiken Stadt östlich von Antalya gefunden wurden. Die ethnographische Abteilung mit Stücken der türkischen Volkskunst vermittelt einen lebendigen Eindruck des früheren Nomaden-Lebens.
Antalya Museum, Konyaaltı Bulv., tgl. außer Mo 8.30–12.30, 13.30–17, im Sommer 9–18 Uhr.**

Antalya

Orte von A bis Z

Der Hafen von Antalya ist der schönste der Türkei

Beliebt bei den Basar-Händlern – große Vorspeisenauswahl, meterlanges Fladenbrot.
Hisar: In den Hafenmauern unterhalb Cumhuriyet Meydanı gibt es feine türkische Küche mit gepflegtem Service. Das große Plus ist die tolle Aussicht auf das Hafenrund.
Kral Sofrası: İskele Cad., am Hafen. Sehr schön mit Antiquitäten dekoriertes Restaurant mit internationaler Küche.
Sila: İskele Cad., nahe der Karatay-Medrese. Schönes Ambiente in einem teilweise original und stimmungsvoll eingerichteten Altstadthaus.

Großes **Souvenirangebot** in den Altstadtgassen. Vor allem Teppiche gibt's in großer Auswahl (nehmen Sie sich aber genügend Zeit zum Handeln!). Antalyas **Basar** zwischen Kazim Özalp Caddesi und Cumhuriyet Caddesi ist noch relativ ursprünglich: An engen überdachten Gassen reihen sich Läden und kleine Werkstätten. Verpassen Sie auch nicht die **Spezialitätengeschäfte** an der Cumhuriyet Caddesi zwischen Uhrturm und Atatürk Caddesi: Dort gibt es Yayla-Honig, Rosenkonfitüre und andere orientalische Leckereien.

Karikatür Sokağı: Cumhuriyet Cad., zwischen Atatürk und Info-Büro. Garten-Bar mit moderner Musik und künstlichem Wasserfall.
Club 29: Am Hafen mit romantischem Blick. Beliebte Restaurant-Disco-Bar.
Olympos: Im Hotel Talya (Fevzi Çakmak Cad.). Schickes Publikum, auch bei Einheimischen beliebt.

Busse: Bushof für Fernbusse an der Kazim Özalp Cad. Vom Bushof der Regionalbusse an der Ali Çetinkaya Cad. *(Minibüs Garaj)* häufigere Verbindung zu Orten in der Umgebung: Kemer, Aksu (Perge), Serik (Aspendos).
Flüge: Vom Flughafen 10 km östlich tgl. nach İstanbul, Ankara und İzmir mit THY (Reservierung: THY-Büro, Cumhuriyet Cad. neben der Touristen-Information, Tel. 242 62 72, von dort Zubringerdienst). Auslandsflüge s. S. 22.
Leihwagen: Airtour, in Aksu, Tel. 426 26 60.
Kavas, Hesapçı Sok. 56, Tel. 241 22 37 (auch Motorräder).

Orte von A bis Z **Ayvalık**

Ayvalık

Lage: A1
Vorwahl: 0266
Einwohner: 26 000

Schöne Stadt, verkannte Stadt! Doch das von griechischer Architektur geprägte Ayvalık macht es dem Besucher nicht leicht. Seine Schönheiten liegen außerhalb: Eine grandiose Landschaft aus Inseln und Halbinsel, die zu erkunden man ein Auto braucht. Ansonsten ist Ayvalık, genauer das Villenviertel Çamlık am südlichen Ortsrand, ein beliebtes Ferienquartier reicher İstanbuler. Das Hotelzentrum Sarımsaklı hingegen, ein lebendiges Hotelstädtchen etwa 5 km südlich, bietet den besten Strand weit und breit.

Taksiyarhis Kilise: Der Zustand dieser einst prachtvollen griechischen Kreuzkuppelkirche, Zeugnis der blühenden griechischen Händlerstadt bis 1923, ist ein beklagenswertes Zeugnis des türkischen Umgangs mit den Denkmälern der Nachbarkultur. Derzeit geschlossen, soll die Kirche renoviert werden – irgendwann…

Şeytan Sofrası: Von dem markanten Felsplateau zwischen Ayvalık und Sarımsaklı hat man einen wunderbaren 360°-Blick über die zerlappte Küstenlandschaft. Wer in eine kleine Felsspalte (gleich hinter dem runden Restaurantbau) eine Münze wirft, hat beim Teufel einen Wunsch frei.

Alibey Adası: Die heute über einen Damm erreichbare Ex-Insel schließt die geschützte Bucht von Ayvalık im Norden ab. Genau gegenüber vom Hafen liegt das Städtchen Doğaköy, ein kleines Paradies des ägäischen Savoir vivre. Außer einigen hochkarätigen Fischrestaurants gibt es hier – wenn nicht gerade Hochsaison ist – nichts als schläfrige Hafenidylle, von der sich selbst die Katzen anstecken lassen. Von Ayvalık in der Saison etwa stündlich ein Boot.

Yat Liman Karşısı, Kiosk am Ableger der Ausflugsboote, Tel. 312 21 22.

Kaptan: Balıkhane Sok., am Hafen beim Zollamt, Tel. 312 88 34, günstig.
Neubau im Griechenstil direkt an der Uferfront mit Badesteg. Einfache, aber hübsche Zimmer mit Balkon zum Meer.

… auf Alibey
Artur Motel: Am Kordon von Doğaköy beim gleichnamigen Restaurant, Tel. 327 10 14, günstig. Einfache Zimmer mit Dorfanschluß. In der Hauptsaison etwas laut, sonst aber sehr idyllisch.

… in Sarımsaklı
Olcay: Hürriyet Cad., einen Block hinter dem Ortsstrand, Tel. 324 10 08, Fax 324 51 15, moderat.
Zentral gelegenes Haus mit zumeist jüngerem Publikum. Die Zimmer könnten größer sein, das Ambiente jedoch ist sehr gastfreundlich. Kein Pool, aber Gartenterrasse fürs Frühstück.

Büyük Berk: Sahil Yolu, am Ortsstrand, Tel. 324 10 45, Fax 324 11 94, teuer.
Gepflegtes Mittelklassehaus, angeschlossen der noch etwas bessere **Club Berk**, dessen Pool, Disco und Animationsangebote mitgenutzt werden können.

Öz Canlı Balık: In Ayvalık am Hafen. Fischrestaurant mit großer Auswahl, beliebt bei den Ferienhausbesitzern aus İstanbul.

Ayvalık

Orte von A bis Z

Ayvalık ist ein hübsches Städtchen abseits der großen Reiserouten

Kanelo Café Bar: Neben Öz Canlı Balık. Sehr stilvoll in einem renovierten griechischen Haus mit dem bestem Hafenblick. Nachmittags ein Café, abends zaubert man dort Fischspezialitäten.

Nessos: Auf Alibey am Kordon in Doğaköy. Exquisiter Service und feine Leckereien wie Ahtapot Böreği, mit butterzartem Oktopus gefüllte Teigtaschen. Aber auch im **Lale** oder im **Cunda Dalyan** ißt man sehr guten Fisch.

Büyük Berk: In Sarımsaklı im gleichnamigen Hotel. Bestes Restaurant am Ort. Üppiges Self Service-Büffet am So.

Körfez Dönercisi: In Sarımsaklı am Ortsstrand. Einfach, aber hübsch unter Weinlaubterrasse. Mit nettem Wirt und türkischer Traditionsküche wie *İskender Kebap* und *Saç Kavurma*.

Ayvalık besitzt eine moderne **Fußgängerzone** zwischen Cumhuriyet Meydanı und Safa Caddesi, wo man hochkarätige westliche Markenware bekommt (hier bummelt eben auch die İstanbuler Schickeria). An der **Safa Caddesi**, der alten Hauptstraße, reihen sich Traditionslädchen in historischer Architektur. Donnerstags ist Markt in Ayvalık, am Dienstag in Sarımsaklı.

Sokak Pub: Gazinolar Cad., im Hafenviertel. Nette Bierschwemme mit schöner Terrasse am Meer und originellem Dekor: eine potemkinsche Traditionsgasse mit Holzhäusern.

Kyatro Club: Gleich neben Sokak Pub. Disco-Bar mit schwarzgestrichener Fassade, hier trifft sich die Ferienjugend aus İstanbul zu den neuesten Sommerhits.

Highway: Am Ortsausgang von Sarımsaklı Richtung Ayvalık. Größte Disco am Ort, hier ist erst ab Mitternacht richtig etwas los.

Busse: Die Fernbusse halten nur an der Hauptstraße, von dort Kleinbuszubringer. Stadtbusse und Dolmuş zu den Stränden von Alibey, Çamlık und Sarımsaklı. Von Ayvalık-Zentrum Kleinbusverbindung mit Bergama.

Fähre: In der Sommersaison tgl. eine Autofähre von Ayvalık-Hafen zur Insel Lesbos. Ausflugsboote zu abgelegenen Stränden.

Orte von A bis Z

Belek

Lage: J6
Vorwahl: 0242

Neueste Hotelsiedlung der ›türkischen Riviera‹ mit komfortablen Großhotels zwischen feinem Sandstrand und Pinienwald – und dem ersten Golfplatz der Südtürkei (s. S. 18). Im Winter schlagen hier die Kicker von Schalke 04 ihr Trainingslager auf. Zwar wenig authentische Atmosphäre in den Anlagen, doch hat sich das Dörfchen **Karadayı** zum Einkaufszentrum entwickelt.

Merit Arcadia: Direkt am Strand. Tel. 715 11 00, Fax 715 10 80, teuer.
Eine der vielen Luxusanlagen, jedoch hat sich der Architekt etwas Besonderes ausgedacht: Sogar die Terrassen von Pamukkale wurden im Poolbereich nachgebaut. Disco, Wassersport etc. natürlich inklusive.

Busse: Dolmuş-Verkehr von den Hotels nach Karadayı; von dort Kleinbusse nach Aksu.

Bergama (Pergamon)

Lage: B1
Vorwahl: 0232
Einwohner: 45 000

Bergama ist unter den Städten der türkischen Küste einzigartig: Unbeeindruckt vom Besucherstrom zu den vielbesuchten Ruinen des alten Pergamon hat die Stadt ihre Traditionen bewahrt. So sollte man trotz des tagesfüllenden Besichtigungsprogramms einen Bummel durch den lebendigen Basar nicht versäumen, in dem noch Kesselschmiede, Schuhmacher und Verzinner zu finden sind.

Akropolis: Auf dem 330 m hohen Hügel über Bergama lag die Residenz der Könige von Pergamon, unter denen die Stadt zu einem Zentrum der Kunst des Hellenismus aufstieg. Das berühmteste Werk dieser Zeit, der Zeus-Altar, steht heute auf der Berliner Museumsinsel. Herausragende Bauten sind das Theater, das als steilstes der antiken Welt gilt, und das Trajaneum, der von deutschen Archäologen restaurierte Tempel für den Kult des Kaisers Trajan. Von den Palästen der Könige blieben nur Fundamente.
Abstieg von der Akropolis: Ein lohnender Spaziergang zurück – vom Zeus-Tempel auf der gepflasterten Hauptstraße der Antike durch das Wohngebiet; dann leiten blaue Punkte zum Demeter-Tempel und zu einem Gymnasion-Komplex.

Markt in Bergama

Wenn am Montag Markt gehalten wird in Bergama, ist die Stadt am interessantesten. Dann kommen die Bauern der umliegenden Dörfer mit ihren altertümlichen Maultierkarren aus den Bergen, an den Straßen stapeln sich die Produkte der Region, und die Stadt scheint aus allen Nähten zu platzen.

Bergama

Orte von A bis Z

Wer auf diese Zisternensäule auf der Akropolis von Bergama eine Münze wirft, hat einen Wunsch frei

Rote Halle/Serapion: Der riesige Ziegelbau zu Füßen des Burgbergs entstand unter Kaiser Hadrian. Im 2. Jh. n. Chr., als ägyptische Kulte immer mehr in Mode kamen, wurden hier die Götter Serapis, Isis und Harpokrates verehrt.

Asklepion: Der Kultbezirk des Heilgottes Asklepios war in der Kaiserzeit das größte Kurzentrum des römischen Ostens. Mit dem Burgberg war die Heilstätte durch die Heilige Straße verbunden. Besonders eindrucksvoll der unterirdische Gang von der Mitte des Hofs zu dem einst zweistöckigen Kurzentrum.

Archäologisches Museum: Cumhuriyet Cad., tgl. außer Mo 8.30–17.30 Uhr. Statuen, Sarkophage und Kleinfunde aus Pergamon.

İzmir Caddesi 54, Tel. 633 18 62.

Tusan Motel, İzmir Yolu, 7 km außerhalb an der Westküstenstraße, Tel. 633 11 73, Fax 633 19 38, moderat.
Einst das beste Hotel zwischen İstanbul und İzmir. Jetzt etwas abgewohnt, doch stilvolle 60er Jahre-Architektur. Saubere Zimmer, gutes Frühstück, Restaurant.
Samyeli: Im Badeort Çandarlı (35 km), beim Kastell, Tel. 673 34 28, Fax 673 34 61, moderat.
Hübscher Neubau direkt am Strand des ruhigen Örtchens. Herr Geneci hat lange in Deutschland gearbeitet und hier seinen Traum verwirklicht.
Berksoy: İzmir Yolu, ca. 2 km vor dem Zentrum, Tel. 633 25 95, Fax 633 53 46, moderat.
Das beste Preis-Leistungsverhältnis: großes Motel mit Pool und angenehmen Zimmern im Grünen.
İskender: İzmir Cad., Tel. 633 21 23, Fax 632 63 53, teuer.
Komfortables Stadthotel kurz vor dem Zentrum, Zimmer mit Klimaanlage.

Bergama: İzmir Cad., gegenüber dem Archäologischen Museum. Bergamas bestes Restaurant, doch nur im Juli/Aug. am Abend geöffnet.
Kardeşler: İzmir Cad., etwa 500 m vor dem Museum. Türkische Küche mit Anspruch; in der Nebensaison das einzige bessere Abendrestaurant der Stadt.
Meydan: Bankalar Cad. 1, am Rand des Basarviertels. Traditionelles Lokanta mit Weinterrasse und netter Atmosphäre, hier treffen sich die Einheimischen.

Orte von A bis Z **Bodrum**

Im **Basar** zu stöbern ist ein Erlebnis: Von Gewürzen bis zu handgeschmiedeten Kupferkesseln reicht die Palette. Wer eher auf Souvenirs aus ist, findet an der Zufahrtsstraße mehrere ›Onyx-Fabriken‹ und Teppichmanufakturen. Das Preisniveau ist allerdings recht hoch.

Busse: Fernbushof etwas außerhalb, von dort Kleinbusse ins Zentrum. Kleinbusse nach Dikili/Çandarlı und Ayvalık vom westlichen Bushof der Stadt.

Bodrum

Lage: B6
Vorwahl: 0252
Einwohner: 22 000
Extra-Tour 2: s. S. 86

Bodrum ist ein ägäischer Traum: ein Städtchen weißer Häuser, die sich zwischen Baumgrün und Meerblau staffeln, darüber das mächtige, von Mastenwald des Jachthafens belagerte Kastell. Gegründet wurde Bodrum unter dem Namen Halikarnassos, das der karische Herrscher Mausolos (377–353 v. Chr.) zur Hauptstadt seines Reiches machte; sein prachtvolles Grab war eines der sieben Weltwunder. Im Mittelalter hatten die Johanniter von Rhodos hier einen Stützpunkt; sie bauten das Kastell, rissen dafür aber das Mausolos-Grab bis auf die Fundamente nieder.

Heute tummelt sich ein buntes Völkchen von jährlich 400 000 Glückssuchern aus aller Welt in und um Bodrum. Sie lockt neben Strand und Sonne vor allem das ausgelassene Nachtleben, denn Ruhe findet man nur an abgelegenen Ecken der Bodrum-Halbinsel.

Kastell St. Peter: Am Hafen, Di–So 8.30–12, 15–19 Uhr, Mo geschl.
Im Kreuzritterkastell des 15. Jh. ist eines der sehenswertesten Museen der Türkei zu besichtigen: der Welt größte Sammlung zur

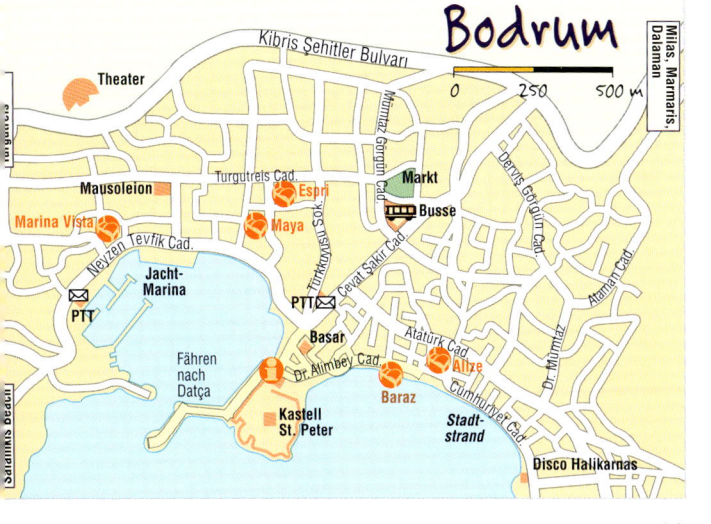

Bodrum

Orte von A bis Z

Am Hafen in Bodrum kann man auf Kamelen reiten

Unterwasserarchäologie und die Funde aus dem Grab einer karischen Prinzessin, deren Gesicht von englischen Gerichtsmedizinern rekonstruiert wurde.
Mausoleion: Turgutreis Cad., tgl. außer Mi 8–12, 13–17 Uhr. Außer der Rampe zur Grabkammer ist nicht mehr viel zu sehen. Das Museum zeigt aber Rekonstruktionen des Baus und Abgüsse der Friesplatten mit Szenen der Amazonenschlacht.
Theater: An der Umgehungsstraße. Auch vom Theater blieb nicht viel, von hier hat man bei Sonnenuntergang aber den tollsten Blick auf Bodrum.

Bodrum-Halbinsel: Die Halbinsel im Westen ist heute zwar ziemlich zugebaut, bietet aber doch beschauliche Ecken. Am schönsten ist es in den Fischlokalen am Meer bei **Gümüşlük** (dem antiken Myndos) oder in **Yalıkavak**, früher ein Schwammtaucherdorf. Ebenfalls zu Urlaubsorten entwickelten sich **Bitez** und **Gümbet** nahe Bodrum, aber auch **Turgutreis** ganz im Westen und das ehemalige Griechendörfchen **Torba** an der Nordküste.

Milas (C5): 47 km östlich. Das lebendige Traditionsstädtchen mit sehenswertem Markt am Dienstag hieß in der Antike Mylasa und war Hauptstadt des Vaters von Mausolos, später residierten ganz in der Nähe, südlich bei Beçin Kale, die Emire der Menteşe-Dynastie. Eine Miniaturausgabe des Mausoleions ist das Gümüşkesen (›Silberkästchen‹) genannte römische Grab; auch eine Säule des Zeus-Tempels hat sich erhalten. Das Archäologische Museum (tgl. außer Mo 8–12, 13–17 Uhr) zeigt Grabungsfunde aus der Umgebung.
Labranda: Ca. 12 km nördlich von Milas. In der altkarischen Kultstätte in den Bergen verehrte man den Zeus Labrandos; die Krieger vollzogen geheimnisvolle Riten in den sog. ›Männerhäusern‹ (Andron) beim Tempel, die man über einen Treppenvorbau (Propyläen) und die Stoa des Mausolos erreichte. Nur mit eigenem Auto auf schwieriger Piste zu erreichen!
Milet/Priene: Natürlich ein Muß ist der Tagesausflug zu den antiken Stätten an der Mäanderebene (s. S. 76 und Extra-Tour 2, s. S. 86).
Didyma (s. S. 46) kann man auch per Fähre erreichen.

Orte von A bis Z **Bodrum**

Auf Bodrums ›Long Street‹, der Flaniermeile am Oststrand

Die besten Strände liegen an der Südküste westlich von Bodrum: **Gümbet** ist etwas überlaufen; **Bitez** bei Surfern besonders beliebt. Der Strand von Kargı (**Camel Beach**) ist noch fast einsam, während **Akyarlar** zwar selbst sehr idyllisch, aber von Ferienhauskolonien umlagert wird.

Reiten: Bitez Horse Farm, Tel. 313 19 61.
Reitstunden, Tagestouren, Trekking mit Übernachtungen etc.
Tauchen: Motif Turism, Neyzen Tevfik Cad. 72, Tel. 316 23 09.
Kurse für Anfänger pro Tag etwa 80 DM.
Reef Diving Center, Neyzen Tevfik Cad. 118, Tel. 316 15 33.
Von ›Schnuppertauchen‹ bis zu Exkursionen in Unterwasserhöhlen für Profis.
Barakuda Diving, Belediye Meyd., Tel. 316 23 20.

Eylül Meydanı, kurz vor der Burg, Tel. 316 10 91.

Otel Espri: Turgutreis Cad., Tel. 316 11 29, günstig.
Einfache, ältere Anlage mit kleineren Zimmern, aber Pool.

Alize: Nahe dem Oststrand (bei der neuen Moschee an der Atatürk Cad. abbiegen),
Tel. 316 14 01, Fax 316 86 11, günstig.
Hübsche Anlage um einen Hof mit Pool, nette Atmosphäre.
Baraz Oteli: Cumhuriyet Cad. 62, Tel. 316 18 57, Fax 316 44 30, moderat.
Alteingesessenes Stadthotel der unteren Mittelklasse am schmalen Strandstreifen der Ostbucht. Im Zentrum des Nachtlebens, daher abends laut.
Maya: Gerence Sok. 49,
Tel. 316 47 41,
Fax 316 47 45, moderat.
Im ruhigeren Viertel zwischen Basar und Mausoleum. Großzügige Anlage im Bungalowstil mit Pool und Fitneßraum.
Marina Vista: Neyzen Tevfik Cad., Tel. 316 22 69, Fax 316 23 47, teuer.
Elegantes Haus der oberen Mittelklasse im neoklassizistischen Stil. Wunderbarer Blick auf das Kastell, großer Pool im Innenhof, Zimmer mit Klimaanlage.

Emin: Karantina Cad. 31, am Hafen. Reiche Palette an

Bodrum

Vorspeisen, angenehme Atmosphäre.

Kortan: Cumhuriyet Cad. 32, an der Ostbucht. Beliebtes Fischrestaurant mit lauschiger Plattform ins Meer hinaus und schönem Blick auf das Kastell. Hervorragende Küche, gehobene Preise.

Han: Kale Cad. 23, mitten im Basar in einer restaurierten Karawanserei. Viel Atmosphäre, mit Live-Musik und Bauchtanz-Aufführungen.

L'Angolo: Neyzen Tevfik Cad., Yalı Çıkmazı, eine Seitengasse beim Hotel Marina Vista. Italienische Küche in etwas gekünsteltem Ambiente, aber mal etwas anderes.

Hey Yavrum Hey: Am Strand im letzten Drittel der Cumhuriyet Cad. Unprätentiöses Restaurant mit türkischer Küche. Tische direkt auf dem Sand, schöner Blick auf das Kastell.

Orhan'ın Yeri: In der ›Freßgasse‹ hinter der Karawanserei (Meyhane Sok.). Die beste Adresse für einen langen Abend bei Meze und Rakı.

Lederwaren, Teppiche, Souvenirs gibt es im **Basarviertel** zwischen Kastell und Atatürk Caddesi. Avantgardistischen Schmuck und Markenmode kauft man auf der ›**Long Street**‹ entlang dem Oststrand. Am Hafen auch Naturschwämme, die weicher sind als Synthetikschwämme.

Die Bars an der ›**Long Street**‹ (Dr. Alim Bey und Cumhuriyet Cad.) sind nicht nur die lautesten und schrillsten der gesamten Türkei, sondern eilen auch im Sauseschritt dem Zeitgeist nach. Angaben also ohne Gewähr!

Green House: Cumhuriyet Cad. 13, in einer Seitenstraße. Irland in der Türkei: ein richtiger Irish Pub mit echtem Guinness…

Hadigari Disco Bar: Dr. Alim Bey Cad. 34. Nach dem Halikarnas die beliebteste Disco Bodrums, neuere Hits und TürkPop.

Halikarnas Disco: Am Ende der Ostbucht über dem Meer. Die größte und teuerste Disco von Bodrum, die berühmteste der Türkei. Säulenarchitektur à la Antike zwischen Kitsch und Pomp, Laser-Show und Open-air-Tanzfläche über dem Meer; recht teuer.

Hippodrom: Cumhuriyet Cad. 133. Schrille Bar (eher eine Disco) über zwei Stockwerke in zwei älteren Griechenhäusern.

Rick's Bar: Cumhuriyet Cad. 136. Kleiner Pub mit britischem Flair und lautem HardRock.

Temple Bar: Cumhuriyet Cad. 110. Bar mit Meerblick und rustikalem Ambiente. Auf der Galerie drängen sich nachts all die, die einen Blick auf die Schönen und Reichen erhaschen wollen.

Busse: Gute Verbindung mit İzmir und Antalya; Kleinbusse nach Milas, Muğla und Marmaris sowie zu den Stränden und Badeorten der Bodrum-Halbinsel.

Fähre: Nach **Datça** tgl. 9 Uhr ab Hafen bis Körmen İskelesi, ca. 5 km nördlich von Datça; Buszubringer in den Ort; retour um 17 Uhr, Reservierung für Autotransport. Tel. 316 08 82. Nach **Altınkum/Didyma** Zeiten wie Datça, ab Torba-Hafen, 6 km nördlich von Bodrum.

Hafenamt: Tel. 316 25 31. Ferner von Juli bis September 2 x tgl. eine Fähre zur griechischen Insel **Kos**, sonst 3 x wöchentlich. In der Saison auch schnelle Hydrofoil-Boote nach **Rhodos** (3 Std.).

Leihwagen: Airtour, Neyzen Tevfik Cad. 198/A, Tel. 316 59 27 Flash, Cevat Şakir Cad. 28, Tel. 316 96 36 (auch Motorräder).

Orte von A bis Z   **Çeşme**

Çeşme

Lage: A3
Vorwahl: 0232
Einwohner: 10 000

Das Städtchen, am westlichsten Zipfel Kleinasiens und gleich gegenüber der griechischen Insel Chios gelegen, ist keineswegs so überlaufen, wie es das Hotelangebot befürchten läßt. Die Unterkünfte konzentrieren sich an der Küste von Şifne und Ilıca, die zunächst durch ihre Thermalquellen, dann erst für ihre feinsandigen Strände bekannt wurden. So blieb Çeşme ein überschaubarer Ort im Schatten seines Kastells, das die Genuesen im 15. Jh. errichteten.

Kastell und Museum: Am Hafen, tgl. außer Mo 8.30–12, 13–17.30 Uhr.

Das in osmanischer Zeit mehrfach restaurierte Kastell zählt zu den schönsten Burgen der Türkei. In einem kleinen Museum werden u. a. Funde aus Erythrai gezeigt.

Die ›Hotelbucht‹ von **Boyalık** ist für ihre heißen Thermalquellen, teils an der Küste, teils im Meer, bekannt. Badefreuden in der Einsamkeit genießt man am ›Goldstrand‹ **Altınkum**, 11 km im Süden (Dolmuş-Verkehr).

Tauchen: Verleih von Ausrüstung und Kurse (CMAS-Brevier) über Hotel Huntman (s. S. 44) und Golf Hotel an der Küste hinter Çiftlik (Tel. 722 12 22).

Ausflugsboote zu Stränden wie ›Blue Lagoon‹, ›Black Islands‹ und ›Donkey Islands‹.
Erythrai: 21 km nördlich. Von der antiken Stadt beim hübschen,

Einkaufsstraße in Çeşme

Çeşme
Orte von A bis Z

noch ganz traditionellen Dörfchen Ildır haben sich Teile der Stadtmauer, ein Theater und Reste einer großen Villa erhalten.

Sığacık und Teos: Ca. 80 km südöstlich (über die Autobahn). Zum malerischen Sığacık fährt man nicht nur, um die genuesische Mauer um dieses kleine Fischerdorf zu sehen, sondern vor allem wegen der Fischrestaurants am Hafen. Dies war der Nordhafen des antiken Teos, dessen Zentrum (mit Dionysos-Tempel, Theater und Partien der Stadtmauern) etwa 20 Min. Fußmarsch weiter südlich liegt.

İskele Meydanı 8, am Hafen, Tel. 712 66 53.

Çeşme Marin: Hürriyet Cad. 10, Tel. 712 75 79, günstig.
Kleineres, angenehmes Haus an der Seefront.
Ertan: Cumhuriyet Meyd. 11, Tel. 712 67 95, Fax 712 76 27, moderat.
Neubau am Hafen, Zimmer mit Balkon und Meerblick, kühler sind aber die Zimmer zum Platz hinaus.
Huntman: Ca. 2 km nördlich von Çeşme, Tel. 712 73 23, moderat.
Sehr hübsches, einsam gelegenes Hotel mit eigenem Strand, Pool und Tauchschule.
Kanuni Kervansaray: Am Hafen, Tel. 712 71 77, Fax 712 29 06, teuer.
Romantisches Hotel in der Karawanserei aus dem 16. Jh., schöner Innenhof mit Brunnen, doch einfache Zimmer

... in Boyalık/Ilıca
Naturel: In Ilıca, Menmba Sok. 64, Tel. 723 42 95, Fax 723 26 97, moderat.
Neueres, gut geführtes Haus mit Pool und Hamam nahe dem Stadtzentrum und dem Strand.

Altınyunus: Östlich von Boyalık, Tel. 723 12 50, Fax 723 22 52, Luxus.
Luxusanlage mit eigenem Jachthafen und allen touristischen Annehmlichkeiten.

... in Sığacık
Çakırağa Hotel: Über dem Hafen, Tel. 745 75 75, Fax 745 70 23, moderat.
Hübscher Komplex mehrerer Häuser um einen Garten mit Pool, ein Paradies fern vom Trubel.

Kale Restoran: Auf den Bastionen des Kastells. Romantischer Platz mit guter türkischer Küche, angeschlossen auch eine nette Bar.
Körfez Restoran: Neben dem Anleger der Ausflugsboote. Großes Restaurant mit schönem Meerblick und ansprechender Auswahl, allerdings leichtem Trend zur Schnellabfertigung.
İmren Lokantsı: Inkılap Cad., in Hafennähe. Mit luftiger Dachterrasse, große Auswahl an Vorspeisen, neben den üblichen Grilladen auch türkische Schmorgerichte.
Hassan'ın Yeri: An der Hafenbucht von Dalyanköy, südlich des dortigen Strandareals. Eher einfaches Lokal, spezialisiert auf frischen Fisch vom Grill.

Anatolian Bar: In einer Seitengasse der Hauptstraße İnkilap Cad. Hübsch aufgemacht im ›alttürkischen‹ Stil. In der Umgebung viele weitere Bars in ehemaligen Griechenhäusern.
Altınyunus Disco: Im gleichnamigen Hotel in Boyalık. Die beste Disco auf der Çeşme-Halbinsel, jedoch recht teuer.

Busse: Fernbus-Station an der neuen Umgehungsstraße, kurz vor dem Hafen. Bei

Orte von A bis Z **Datça**

Abendessen unter freiem Himmel am Hafen von Datça

Ankunft steigt man besser vorher am Ortseingang aus. Vom Hafen Kleinbusse zu den Stränden und Hotelorten.
Fähre: In der Saison fast tgl. Fähren nach Chios. Mehrmals wöchentlich Fährverbindung über Mykonos nach Bari und Brindisi (Italien).
Leihwagen: Avis, im Hotel Kanuni Kervansaray, Tel. 712 67 06. Sultan, Inkılap Cad. 68, Tel. 712 73 95 (vermietet auch Motorräder).

Datça

Lage: C7
Vorwahl: 0252
Einwohner: 5100

Die gut 100 km lange Reşadiye-Halbinsel bei Marmaris ist die südwestlichste und damit abgelegenste Ecke der Türkei, und auf halber Strecke liegt Datça. Ein touristischer Aufschwung kam mit dem Jachttourismus, aber auch heute noch ist das ruhige Urlaubsörtchen eine Art Geheimtip, ein schlichtes Hafenidyll zwischen den Meeren.

Etwa 3 km landeinwärts liegt das ›Mutterdorf‹, heute **Eski (Altes) Datça** genannt, dessen schöne alte Häuser immer noch bei Künstlern und Intellektuellen aus Ankara als Sommerwohnsitz beliebt sind. Im stattlichen Konak eines osmanischen Gutsbesitzers ist ein Restaurant eingerichtet.

Es lohnt eine Tagestour nach **Bodrum** (per Fähre ab Körmen İskelesi, s. S. 46) oder auch nach **Kaunos** (s. S. 66). Per Ausflugsboot gelangt man zur griechischen Insel **Simi** und der gleichnamigen Stadt, im frühen 20. Jh. die größte weit und breit – heute die schönste, eine Sinfonie der Farben und der neoklassizistischen Architektur.
Knidos (B7): 28 km von Datça. Die antike Stadt auf der Spitze der Halbinsel war berühmt für die Aphrodite-Statue des Bildhauers Praxiteles, der ersten griechischen Darstellung eines nackten Frauenkörpers. Zu sehen sind noch das Theater und die Fläche der Agora; über zwei Terrassen steigt man zu den Fundamenten des Rundtempels empor, in dem die Statue in einem Säulenkranz stand.

Datça

Strände im Osten und Westen von Datça, schöner ist der westliche mit einer Süßwasserquelle. Badeboote fahren zu den idyllischen Buchten von Kargı, Palamutbükü und Mesudiye, wo aber auch Hotelbauten entstehen.

Am Hafen im Rathaus, Tel. 712 31 63, Fax 712 35 46.

Villa Tokur: Am Weststrand; Tel. 712 87 28,
Fax 712 87 29, günstig.
Neue Pension eines deutsch-türkischen Paares mit großer Terrasse und Pool, 5 Min. vom Hafen.
Dorya Motel: Auf der Halbinsel beim Jachthafen, Tel. 712 36 14, moderat.
Ruhige idyllische Lage in einem Park mit Pool, jedoch leider etwas verwohnt.
Mare: An der Ostbucht, 10 Min. zu Fuß, Tel. 712 32 11,
Fax 712 33 96, teuer.
Mittelklassehaus mit freundlichem Service, Pool und großzügigen Zimmern.
Olimpos: Etwas außerhalb an der Westbucht Richtung Kargı, Tel. 712 20 01, teuer.
Neueres Mittelklassehaus über der idyllischeren Westbucht.

Taraça Restoran: Am Hafen. Mit schöner Aussichtsterrasse zum Meer, Spezialität ist Fisch.
Denizatı: Ebenfalls am Hafen, große Auswahl an *Mezeler*, jedoch kein ganz so schöner Hafenblick.

Bus: Regelmäßig Kleinbusse nach Marmaris und Muğla; jedoch keine reguläre Verbindung nach Knidos.
Fähre: Nach Bodrum tgl. 9 Uhr (retour 17 Uhr) ab Körmen İskelesi ca. 5 km nördlich von Datça; dorthin Buszubringer. Für Autotransport spätestens am Vorabend reservieren, Tel. 712 21 43. In der Saison Ausflugsboote zur griechischen Insel **Simi** und nach **Knidos**.

Didim/Altınkum

Lage: B5
Vorwahl: 0256

In Altınkum, am feinsandigen ›Goldstrand‹ 6 km südlich vom Didyma-Tempel, standen noch vor 20 Jahren nur einige Fischerkaten. Heute breitet sich dort ein modernes Ferienstädtchen aus, eine Art ›Klein-England‹ in der Türkei: Besucher von der Insel machen den größten Teil der Gäste aus. Ruhig und idyllisch ist es in Altınkum nirgendwo. Dafür sind die Discos immer voll, und die meisten Urlauber gehen erst weit nach Mitternacht ins Bett.

Didyma-Tempel: 4 km im Landesinneren. Den ursprünglich 24 m hohen Bau sollten 112 Säulen von 2 m Durchmesser in zwei Reihen umkränzen – doch fertiggestellt wurde er auch in über 500jähriger Bauzeit nicht. Noch heute steht man ehrfurchtsvoll vor dem riesigen ›Erscheinungsfenster‹ der Vorhalle. Normale Sterbliche durften den Innenhof, zu dem Tunnel an beiden Seiten führen, nicht betreten. In diesem Hof stand ein Tempelchen mit der Kultstatue; an seinen Innenwänden wurden Zeichnungen der Architekten entdeckt.
Milet und **Priene** sind nicht weit (Extra-Tour 2, s. S. 86). Unbedingt lohnend die Tour mit der Fähre nach **Bodrum** (aber nicht Mo, dann ist das Museum im Kastell geschlossen).

Orte von A bis Z **Didim/Altınkum**

🛈 Info-Kiosk am Strand; kompetentere deutschsprachige Info bei Reiseagentur Priamos, Tel. 813 53 51, Yalı Caddesi 23.

🍊 **Kalyon:** Westlich von der Zufahrtstraße, Tel. 813 69 15, günstig.
Neueres Motel, einfach per Auto zu erreichen. Zwar kleine Zimmer, aber nette türkische Familienatmosphäre.
Hergül: Am Oststrand, Tel. 813 11 75, Fax 813 14 39, moderat.
Familiäres Haus mit einfachen, aber hübschen Zimmern und Pool, beliebt bei jungen Engländern.
Didim Orion: Am Oststrand, Tel. 813 55 50, Fax 813 20 41, moderat.
Schöner Neubau direkt am Strand, alle Zimmer mit Meerblick, kleiner Pool, sehr gutes Frühstücks- und Abendbuffet.
Tuntaş: Am Ende des Oststrands, hinter dem Hotel Golden Sand abbiegen, Tel. 813 15 64, Fax 813 13 91, teuer.
Das größte Haus am Platz mit 134 geräumigen, schönen Zimmern, ansprechende Außenbereiche; am Strand Wassersport.

🍴 **Eden Summer Garden:** In der Restaurant-Zeile zwischen Haupt- und Oststrand. Sehr schön, mit Terrasse zum Meer, türkische und internationale Küche – und deutsche Preise.
Kamici 2: Oberhalb des Anlegers. Teures Fischlokal mit distinguiertem Service und Blick über den ganzen Ort. Gute Mezeler, Fischgerichte sind zu bevorzugen!
Medusa: Am Anfang des Oststrandes. Restaurant bei der gleichnamigen Disco. In der Saison trifft sich hier die schicke Szene von Altınkum.

Didyma ist der monumentalste antike Tempel der Türkei

Didim/Altınkum

Orte von A bis Z

🛍️ Natürlich großes Souvenirangebot im ›**Basar**‹; die Teppichgeschäfte und Onyx-Schleifereien beim Didyma-Tempel haben recht günstige Preise. Nicht verpassen sollte man die Fahrt zum großen Wochenmarkt in Söke (B/C4) am Mittwoch mit orientalischem Flair.

🍸 Die schickste Disco ist der festungsähnliche Bau vom **Medusa** am Oststrand. Zentrum des Nachtlebens aber ist die Promenade vor dem Hafen: **XClub** und **Didim Disco** sind die angesagten Favoriten. Übrigens bietet Adonis Travel auch Touren ins Halikarnas von Bodrum (s. S. 42). Lohnt sich!

🔄 **Busse:** Dolmuş-Verbindung mit Söke und Selçuk; während der Saison auch direkte Verbindung mit İzmir.
Fähre: In der Saison tgl. ein Boot nach Torba auf der Bodrum-Halbinsel (ab 9, retour 17 Uhr), Autoreservierung über Tel. 313 02 06.

Ephesos/Selçuk

Lage: B4
Vorwahl: 0232
Einwohner: 20 000

Das antike Ephesos ist heute die sehenswerteste Ausgrabungsstätte der Türkei. In römischer Zeit erlebte die Hafenmetropole als Hauptstadt der Provinz Asia ihre Blütezeit; die Versandung des Hafens erzwang in byzantinischer Zeit dann die Verlagerung ins Inland, wo nun das Städtchen Selçuk als Nachfolgesiedlung steht. Um neben dem Grabungsgelände der hellenistisch-römischen Stadt auch den ›Siebenschläferbezirk‹, den Artemis-Tempel, die byzantinische Johannes-Kirche und das ›Marienhaus‹ zu sehen, benötigt man einen ganzen Tag.

🕐 **Stadtgelände:** Tgl. 8.30–18 Uhr, Eintritt –16.30 Uhr. Am Kiosk gibt es einen Faltplan mit Erläuterungen zu den einzelnen Bauten. Herausragend sind das Ende des 1. Jh. vollendete Theater – mit einem Fassungsvermögen von 25 000 Zuschauern das größte der Türkei –, die nahezu vollständig restaurierte Celsus-Bibliothek mit ihrem wunderbaren Skulpturenschmuck und die Kuretenstraße mit dem Hadrian-Tempel. An ihrem Ende die Staatsagora mit dem Prytaneion, dem Sitz der Magistratsbeamten.
Siebenschläferbezirk: Der frühchristliche Begräbnisbezirk am Osthang des Pion-Berges ist nach den legendären sieben Christen benannt, die hier die Verfolgung unter Kaiser Decius schlafend überdauert haben sollen. Die Anlage ist nur durch einen Zaun zu betrachten, doch gibt es hier schöne Gartenlokale.

Orte von A bis Z **Ephesos/Selçuk**

Ephesos ist das schönste Freilichtmuseum der Türkei

Artemision: Vom großartigen Tempel der Artemis von Ephesos, einst als eines der sieben Weltwunder gerühmt, steht nur noch eine wiederaufgerichtete Säule nördlich der Straße nach Selçuk. Das Heiligtum barg die ›vielbrüstige‹ (tatsächlich handelte es sich um die angehängten Hoden geopferter Stiere) Artemis-Statue und war das bedeutendste antike Wallfahrtsziel Kleinasiens. Richtung Burgberg sieht man die **İsa Bey Camii**, 1375 aus dem Material des Artemisions erbaut.

Johannes-Basilika: Tgl. 8.30–17.30 Uhr. Auf dem Hügel des heutigen Selçuk ließ Kaiser Justinian um 550 n. Chr. über dem vermuteten Grab des Evangelisten Johannes eine riesige, marmorverkleidete Kirche bauen. Höher auf der Kuppe steht eine zuletzt in osmanischer Zeit erneuerte Burg.

Archäologisches Museum: Am Ortsrand von Selçuk Richtung Artemision, tgl. 8.30–17 Uhr. Statuen und Kleinfunde aus den Grabungen. Herausragend: die Fresken aus den Hanghäusern und die beiden berühmten Artemis-Statuen.

Marienhaus (Meryemana): 7 km vom oberen Ephesos-Eingang. Das angebliche Wohnhaus Marias in den Fichtenwäldern des Ala Dağ wurde 1891 entdeckt; das Wasser der nahen Quelle gilt seither als wundertätig. Jeden Abend um 18 Uhr findet dort eine Messe statt.

Şirince: Ca.10 km östlich. Der kleine Ort am Ende eines Oliventals soll als Fluchtsiedlung der ephesischen Griechen nach der türkischen Eroberung 1304 gegründet worden sein. Die Griechen wurden 1923 endgültig vertrieben, doch sind ihre hübschen Häuser gut erhalten. Die heutigen Einwohner betreiben u. a. Weinanbau; in der inzwischen zur Souvenirmeile umfunktionierten Hauptgasse kann man den Rebensaft verkosten.

Ephesos/Selçuk

Orte von A bis Z

Çamlık: Ca. 10 km südlich. Das Dorf besitzt ein Eisenbahnmuseum unter freiem Himmel mit Loks aus der Zeit der Bagdadbahn. Im ›Teppichdorf‹ Sultanköy (jenseits der Schienen) kann man beim Knüpfen zusehen.

Beim Archäologischen Museum, Tel. 892 63 28.

Nazar, Eski İzmir Cad. 14., Tel. 892 22 22, günstig.
Einfache Pension unterhalb des Ayasoluk-Hügels, familär und ordentlich geführt.
Kale Han: Hauptstraße bei der Shell-Tankstelle, Tel. 892 61 54, Fax 892 21 69, moderat.
In einem restaurierten Haus mit hübschem Gartenidyll; einfach, aber geschmackvoll und mit Pool.

Turhan Restoran: Bei der Post. Abends, wenn die Touristen weg sind, findet man hier in den Gassen des Zentrums typisch türkische Kleinstadtidylle.
Meşhur Yandım Çavuş Çöpşiş Yeri: An der Ausfallstraße nach İzmir. Eine Art Autobahngaststätte, doch bekommt man hier die besten *Çöpşiş* der Stadt: kleine Lammfleischspieße vom Grill, die man gleich bündelweise serviert.
Hitit: Im Hotel Hitit am Ortsausgang Richtung Aydın. Von Service, Auswahl und Qualität her die beste Speiseadresse in Selçuk.

In **Ephesos** hat sich am Parkplatz ein ›Einkaufszentrum‹ für Souvenirs etabliert. In **Selçuk** findet samstags ein sehenswerter Markt hinter dem Bushof statt.

Busse: Bushof an der Durchgangsstraße im Zentrum. Häufig Kleinbusse nach Ephesos, Kuşadası, seltener nach Şirinçe.

Fethiye

Lage: E/F7
Vorwahl: 0252
Einwohner: 40 000
Extra-Tour 3: s. S. 88

Die Hafenstadt, die nach einem Erdbeben 1957 fast vollständig wiederaufgebaut werden mußte, hieß in der Antike Telmessos. Reizvoll ist der Ort nicht nur wegen seiner idyllischen Lage an einer weiten Bucht und des nahen Traumstrands Ölüdeniz, sondern vor allem, weil er noch viel türkisches Alltagsleben bietet.

Lykische Gräber: Von Telmessos blieben nur Gräber: im Steilabhang über dem Ort in den Fels gemeißelte Tempelgräber, als größtes das Amyntas-Grab, im Ort zwischen Neubauten Sarkophaggräber mit Deckeln in Form eines Schiffskiels.

Fethiye-Museum: Nördlich der Hauptstraße Atatürk Cad., tgl. 8–12, 13–17 Uhr.
Antike Funde aus der Umgebung und türkische Volkskunst.

Çalış-Strand: Das Strandareal von Fethiye liegt 5 km nördlich vom Zentrum. Hier geht es relativ ruhig zu, es gibt aber auch zwei Discos.
Ölüdeniz: Im Winter ist der Traumstrand wirklich so traumhaft wie auf den Fotos. Im Sommer wirkt das gebührenpflichtige Badeareal allerdings überlaufen wie ein Freibad im August.
Şövalye: Zur Badeinsel vor Fethiye, die noch fast unbekannt ist, fährt man per Boot ab Atatürk-Kai.

Paragliding: Der 1970 m hohe Babadağı über Ölüdeniz

Orte von A bis Z **Fethiye**

ist der Hot Spot für Fallschirmgleiter. Wegen eines Unfalls dürfen Anfänger aber nur noch Tandem springen, z. B. bei Butterflies Tourism, Tel. 617 00 18, Ölüdeniz.
Tauchen: Kurse, gutes Equipment und tgl. Ausfahrten bietet Divers Delight, Tel. 612 10 99, Atatürk Cad. 38, Fethiye.
Segeln: ›Blaue Reisen‹ mit zwei Gulets (max. 20 Pers.) bucht man bei Light Tours, Atatürk Cad. 104, Tel. 614 47 57, Fax 614 51 43: Trips nach Antalya oder Marmaris.

Kaunos (s. S. 66) sollte man nicht verpassen, auch **Xanthos** und der Strand von **Patara** (s. jeweils S. 74) sind nicht weit.
Bootstouren: Am Hafen starten jeden Morgen gegen 9 Uhr Ausflugsboote zur ›Zwölf-Insel-Tour‹, die einsame Strände anlaufen.
Saklıkent (F7): Ca. 20 km östlich. Ein kühler Gebirgsbach in einer engen, hohen Schlucht; einfache Lokanta bieten türkische Bauernküche: sehr idyllisch! Auf dem Weg kann man die antike Stadt **Tlos** mit lykischen Gräbern und römerzeitlichen Ruinen besuchen.

Kayaköy: 17 km per Auto über Hisarköy. Altes Griechendorf, das seit 1923 verlassen ist; heute bieten Türken in den Ruinen Imbisse und Souvenirs an.
St. Nicholas Island: 14 km von Kayaköy. Die Insel mit Ruinen einer Kirche (6. Jh.) ist ein beliebter Stop der Ausflugsboote. An die Strandbucht mit Camp-Motel gelangt man aber auch mit dem Auto.
Göcek: 33 km Richtung Marmaris. Das Örtchen macht derzeit als Jachthafen Karriere, lohnt aber wegen seiner beschaulichen Lokale am Hafen auch einen Ausflug.
Pinara und Sidyma (F7): Zwei idyllische antike Stätten an den Westhängen des Eşen-Tals (auf der 400 Richtung Kaş). Während Pinara (45 km) sich im Kiefernwald versteckt, ist Sidyma (20 km weiter) noch ›bewohnt‹; Dodurğa heißt der türkische Weiler, in dessen Feldern die antiken Ruinen liegen.

İskele Karşısı, direkt am Hafen, Tel. 614 15 27.

Levent: 1 km hinter dem Hafen, Tel. 614 58 73,

Fethiye

Orte von A bis Z

Uriges Restaurant in der Saklıkent-Schlucht bei Fethiye

Fax 614 41 53, günstig.
Geräumige Zimmer in freundlichem Familienhotel mit Pool.
Dedeoğlu: Am Hafen, Tel. 614 40 10, Fax 614 17 07, moderat.
Zentral gelegenes Stadthotel der 70er Jahre mit gutem Preis-Leistungsverhältnis.
Pirlanta Hotel: Karagözler Mevkii, über dem Hafen. Tel. 614 49 59, Fax 614 16 86, teuer.
Komfortables Mittelklassehaus mit wunderbarem Buchtblick.
Likya: Über dem Jachthafen, Tel. 614 22 33, Fax 614 31 00, moderat.
Mittelklasse mit schöner Aussicht, dazu Garten, Pool, Disco; eines der besten in der Stadt selbst.
... bei Ölüdeniz
Belcehan Hotel: Kurz vor dem Aquarius Restaurant links abbiegen, Tel. 617 01 33,
Fax 617 03 74, moderat.
Kleineres, aber hübsches Haus mit Holzbalkonen und Pool.
Lykia World: Östlich der Lagune am Strand, etwas im Abseits, Tel. 617 02 00, Fax 616 17 03 50,

Fax-Info in Deutschland: 069/73 99 25 25, Luxus.
Das wohl beste Sporthotel der Türkei: von Bogenschießen bis Paragliding wird für alles gesorgt. Dazu 21 Tennisplätze, 9 Restaurants und ein Thalasso-Kurzentrum, wo man nach allen Regeln der Wellness verwöhnt wird!

Anfora Restoran: In der Altstadt beim Hamam. Romantisch in einer provisorisch wiederhergerichteten Ruine. Professioneller Service; nicht billig.
Meğri: Nahe Eski Cami am Altstadtplatz. Traditionsreiches Lokal mit enormer Auswahl an Mezeler und Spezialitäten wie Hummer.
Rafet: Am Bootskai. Seit Jahren eine gute Adresse für exzellente Fischgerichte, hier gehen auch viele Einheimische hin.

Im **Basarviertel** gibt es neben Souvenirs (Kunstgewerbe, Teppiche) als Spezialität den von der lokalen Imkerkooperative abgefüllten *çam balı* (Pinienho-

Orte von A bis Z **Foça**

nig). Sehenswert auch der große **Markt** am Montag östlich vom Museum, zu dem die Bauern der weiten Umgebung anreisen.

Blue Dolfin: Hipste Bar der Altstadt, am Platz bei der Eski Cami. Das Interieur ist neonschwarz, die Musik laut und hart.
Aquarius: In Ölüdeniz kurz vorm Strand. Tagsüber eine Bar mit Pool für die Gäste, ab 22 Uhr Disco – da geht es hoch her!!
Likya Disco: Im gleichnamigen Hotel am Hang über dem Hafen. Hier treffen sich Nachtschwärmer des Hotelviertels: ob was los ist, hängt vom Zufall ab.

Busse: Fernbusstation am Ostrand der Stadt. Dolmuş-Station hinter der Post und an der Atatürk Cad.; nach Ölüdeniz und Çalış etwa alle 30 Min.

Foça

Lage: A2
Vorwahl: 0232
Einwohner: 12 000

Ein hübsches, eher ruhiges Ferienstädtchen am Ort des antiken Phokeia, als dessen Kolonie Marseille gegründet wurde. Zentrum ist der ›Kleine Hafen‹ (Küçük Deniz) nördlich der Halbinsel mit dem Kastell: An der Meerfront ankern Jachten und Fischerkähne, dahinter liegt die griechisch geprägte Altstadt. Dem südlichen Büyük Deniz (›Großen Hafen‹), wo die Fischfang-Trawler ankern, fehlt der historische Charakter.

Kastellhügel: Auf der heute fast unbebauten antiken Akropolis lag im Mittelalter eine Feste der Genuesen. Die **Beşkapılar** am Südufer sind ein restauriertes Stück der Burgmauern.

Das Strandareal beginnt an der Nordseite des Küçük Deniz und zieht sich weit bis Richtung Yenifoça. Die schönsten Buchten sind jedoch von Hotels besetzt: Club Méd, Makarell, Pollen etc. An einsame Strände führen Bootsausflüge, etwa nach **İncir Aadası** oder zu den **Siren Rocks** auf Orak Adası, heute ein Schutzgebiet der Mönchsrobben.

Yenifoça: 12 km nördlich. Das Örtchen besitzt noch einige genuesische Turmhäuser und am Häfchen einfache Restaurants und Pensionen.

Atatürk Bulvarı (beim Bushof), Tel. 812 12 22.

Amphora: 208 Sok. 7, Tel. 812 28 06, Fax 812 24 83, günstig.
Etwas für Individualisten: romantische Unterkunft in einem historischen Griechenhaus, mit kleinem Pool. Beliebt bei jungen Leuten.
Karaçam: Sahil Cad. 70, Tel. 812 14 16, Fax 812 20 42, moderat.
Ebenfalls in einem Griechenhaus, doch direkt am Hafenkai. Etwas verwohnt, aber viel Flair.
Menendi: Atatürk Bulvarı (die Hauptstraße), Tel. 812 24 20, Fax 812 12 50, moderat.
Das derzeit wohl beste Haus der unteren Mittelklasse, gut und freundlich geführt, zwar ohne Pool, aber mitten im Trubel.

Foça Restoran: Küçük Deniz. Eines der wenigen Lokale, wo Fisch nicht an erster Stelle steht.
Celep: Küçük Deniz. Nicht allzu schick aufgemachtes Fischrestau-

Foça

Orte von A bis Z

Am späten Nachmittag wartet man in Foça an den Beşkapılar oder am Küçük Deniz auf den wunderschönen Sonnenuntergang

rant mit nettem, echt-türkischem Service, beliebt bei Einheimischen.
Ali Baba: An der Hauptstraße zum Südhafen. Zu Fisch und Grilladen werden Oldies der 70er gespielt.
Sahil: Küçük Deniz, am Weg zum Kastell. Gute Fischgerichte in eher einfacher Umgebung. Hier essen die Basarhändler von Foça.
Dede: Bei den Beşkapılar. Holzbau mit Tischen direkt am Kai, wo man auch den schönsten Sonnenuntergang genießt.

Die zweite Gasse landeinwärts vom Küçük Deniz ist die **Hauptsouvenirmeile** – ohne besonders herausragendes Angebot. Viel volkstümliches Flair hat der große **Wochenmarkt** am Samstag an der Hauptstraße zwischen den beiden Buchten.

Kapı Dans Bar: In historischem Haus an der Promenade des Nordhafens zum Kastell. Kleine Tanzfläche, aktuelle Musik.
Balıkçı: Am Küçük Deniz beim Restaurant Celep. Ruhige Bar mit jazziger Musik.
Anatolia Bar: Am Küçük Deniz in der Souvenirgasse hinter dem Foça Restoran. Hübsche Café-Bar in osmanischem Stil mit türkischer Musik, oft mit Live-Auftritten. 21–22 Uhr Happy Hour.

Busse: Fernbusse stoppen nur am Abzweig der Westküstenstraße (von dort Zubringerbusse). Kleinbusse nach Menemen, İzmir und Aliağa, ebenso nach Yenifoça und zu den Strandbuchten im Norden.
Leihwagen: Nem Tour, Küçük Deniz, Tel. 812 13 68. Vernünftige Preise, man spricht Deutsch, gibt Auskünfte und wechselt Geld.

İncekum

Lage: K7
Vorwahl: 0242

Ein Feriengebiet, das Mitte der 80er Jahre beim Dorf Avsallar aus der Taufe gehoben wurde und sich nun mit einer langen Reihe komfortabler Hotelanlagen entlang der Küstenstraße dahinzieht. Im Hinterland von İncekum, was ›feiner Sand‹ bedeutet, lebt man in kleinen Weilern von der Land-

Orte von A bis Z **İzmir**

wirtschaft; hier beginnt auch der Bananenanbau, der sich an der Küste bis hinter Alanya fortsetzt. Zwischen Sandstrand und schütterem Kiefernbewuchs ist man also darauf angewiesen, was Meer und Hotel bieten: Wassersport, Sonne und hin und wieder etwas türkische Folklore. Doch Side, Alanya und die großen Griechenstädte Perge und Aspendos sind nicht weit.

Alara Han: Eine Karawanserei der Seldschuken-Türken aus dem Jahr 1230. Auf der Höhe über der Flußschleife mit dem Han thront die byzantinische Burg Alara Kalesi. Abzweig von der Küstenstraße bei Okurçallar. Eine alte Karawanserei ist auch der **Serafsahan**, den heute das Restaurant Ali Han als stilvolle Kulisse nutzt.

Side, s. S. 77, **Alanya,** s. S. 28.

Alara: 24 km vor Alanya, Tel. 527 41 66, Fax 527 47 40, teuer.
Von der Lage her das schönste Hotel von İncekum. Zweistöckige Bauten in üppiger Vegetation auf einer Halbinsel über einer felsumrahmten Sandbucht; alle Zimmer mit Balkon, zusätzlich ein Pool.
Köşdere: 20 km vor Alanya an flacher Sandbucht, Tel. 517 19 50, Fax 517 12 58, moderat.
220 Zimmer auf weitem Gartenareal; großzügiger Pool, die Bucht ist schön zum Schnorcheln.

Einen Ausflug lohnt das Restaurant **Ali Han** in der Karawanserei Serafsahan. Restaurants mit westlichem Standard sonst nur in den Hotels. An der Küstenstraße schließlich gibt es in jedem Weiler echt türkische *Lokantalar*, die zwar zumeist von Fernfahrern besucht werden, aber viel landestypisches Flair bieten.

Busse: Sehr häufiger Dolmuş-Verkehr entlang der Küste; die Kleinbusse halten auf Handzeig an. Die Fernbusse stoppen nur in den Dörfern.

İzmir

Lage: B3
Vorwahl: 0232
Einwohner: 3–4,5 Mio.

Die drittgrößte Stadt der Türkei ist touristisch nicht sonderlich beliebt: Hektik, Smog und der tägliche Verkehrsinfarkt sind kaum das, was man sich als Urlaub vorstellt. Doch kann man hier einen der bestsortierten Basare und die liberalste Jugendszene der Türkei finden. Unter den Osmanen war die früher Smyrna genannte Stadt die wichtigste Metropole zwischen İstanbul und Alexandria. Griechen stellten über die Hälfte der Bevölkerung, wurden aber 1922/23 vertrieben, als halb İzmir im Griechisch-Türkischen Krieg in Flammen aufging.

Kurz zur Orientierung: Der Kültür Parkı, heute die grüne Lunge, entstand auf der niedergebrannten Altstadt; nördlich liegt das Szeneviertel Alsancak, zum Meer hin das Hotelviertel, weiter südlich folgt Konak, das Basarviertel. Nur die großen Straßen haben Namen (aber keine Straßenschilder), die kleineren sind numeriert.

Agora, Gazi Osmanpaşa Bulv., tgl. außer Mo 9–12, 13.30–17 Uhr.
Am Marktplatz der hellenistisch-römischen Stadt wurden einige

İzmir

Uhrturm auf dem Konak-Platz in İzmir

Säulen wieder aufgerichtet; osmanische Grabsteine zeugen von der späteren Nutzung als Friedhof.
Kadifekale: Von der im 3. Jh. befestigten Akropolis mit Resten einer byzantinischen Burg hat man einen schönen Blick über das Häusermeer von İzmir.
Saat Kulesi (Uhrturm): Der filigrane Turm auf dem Konak-Platz ist das schönste historische Bauwerk der Stadt.
Kızlarağası Han: Die restaurierte Karawanserei im Basar von Kemeraltı (nördlich der Anafartalar Cad.) ist ein gutes Beispiel osmanischer Handelsarchitektur. In den Ladenzeilen, wo einst auch Sklaven verkauft wurden, ist jetzt ein Touristenbasar eingerichtet.
Şadırvan Camii: Schönste Moschee İzmirs im Basar (Anafartalar Cad.). Vom Reinigungsbrunnen mit antiken Säulen und einem schmiedeeisernen Brunnengitter führt eine Treppe in den Betsaal, unterhalb lagen Ladenlokale.
Asansör: Mithatpaşa Cad., Dario Moreno Sok. Der restaurierte Aufzug vom Ende des 19. Jh. an einem Steilhang im ehemaligen jüdischen Viertel endet nach 70 m Fahrt bei einem Café mit schönem Blick über die Stadt. Ein Geheimtip unter den Yuppies von İzmir.
Kültür Parkı: Neben den Hallen der Messe (Ende August) beherbergt der ›Central Park‹ von İzmir einen See, eine ständige Abendkirmes (Luna Park), Discos, Teegärten, einen Zoo und ein Hallenbad.
Alsancak: Im ehemaligen Händlerviertel findet man die letzten Reste des ›levantinischen‹ İzmir. Schön restauriert sind die beiden Restaurantgassen 1453 Sokak und 1482 Sokak an der Fußgängerzone Kibris Şehitler Caddesi.

Archäologisches Museum: Birleşmiş Milletler Cad., tgl. außer Mo 9–12, 13–17 Uhr. Skulpturen von den antiken Stätten der Ägäisküste. Nach Öffnung der Schatzkammer fragen!

Orte von A bis Z **İzmir**

Ethnographisches Museum:
Gegenüber vom Archäologischen Museum, tgl. außer Mo 9–12, 13–17 Uhr.
Volkstrachten, alte Teppiche, traditionelle Handwerkstechniken und historische Architektur.

🟠 Gazi Osmanpaşa Bulv. (im Hotel Büyük Efes), Tel. 421 68 41 und am Flughafen, Tel. 274 21 10.

🟠 Die Hotels sind insgesamt recht teuer. Wenn man die Kreditkarte zückt, werden meist Abschläge bei Barzahlung angeboten.

Bayburt: Gazi Bulv., 1370 Sok., Tel. 412 20 13, günstig.
Sehr einfach, aber ordentlich geführtes Althotel im Çankaya-Viertel zwischen Alsancak und Konak. Mit großem Innenhof fürs Frühstück.

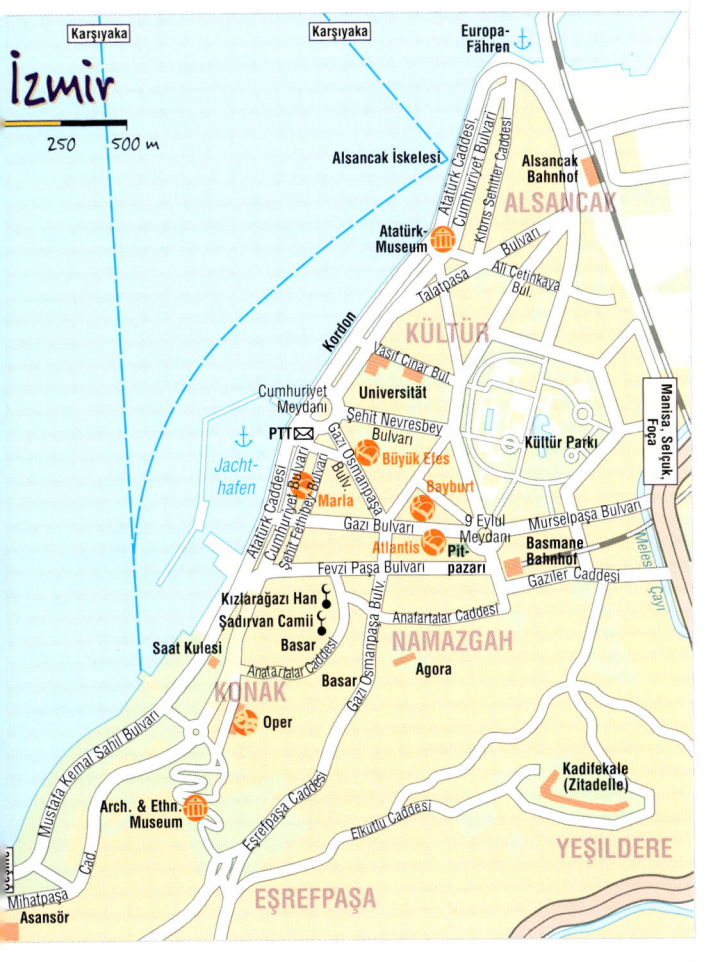

İzmir

Orte von A bis Z

Im Basar von İzmir hat man Zeit zur Mußestunde bei der Nargileh, der Wasserpfeife

Atlantis: Gazi Bulv. 128, Tel. 483 55 48, Fax 483 06 99, moderat.
Älteres Haus nahe dem Kulturpark mit einer Lobby im Stil der 30er Jahre, akzeptable Zimmer.
Marla: Kazım Direk Cad. 7, Tel. 441 40 00, Fax 441 11 50, teuer.
Moderner, sehr komfortabler Bau nahe dem Jachthafen. Gutes Preis-Leistungsverhältnis.
Büyük Efes: G. Osmanpaşa Bulv. 1, Tel. 484 43 00, Fax 441 56 95, Luxus.
İzmirs ältestes und schönstes Luxushotel, mit Poolbar, Terrassen-Restaurant und Spielcasino.

Beyaz Balina Balıkçı Restoran: Atatürk Cad. 286. Nicht allzu nobles Fischrestaurant am Kordon, netter Service, gute Küche.
Kemal'ın Yeri: 1453 Sok., Kibris Şehitler Cad. Man sitzt unter Sternenhimmel in der Gasse mit renovierten historischen Häusern und genießt die unprätentiöse, aber bekannt gute türkische Küche; berühmt die in Milch gekochte *Çipura* (Goldbrasse).
Meşhur Topçunun: Kazım Direk Cad. 12. Eines der beliebtesten Straßenlokale İzmirs; hier essen Geschäftsleute neben Großfamilien und Verliebten. Spezialität ist *Çöp Şiş*, viele kleine Spieße mit kross gegrilltem Lammfleisch. Erste Empfehlung!
Palet: Atatürk Cad. 79. Auf einer Plattform im Meer mit schönem Blick auf den Kordon. Die Küche leider etwas einfallslos.
1888: Cumhuriyet Bulv. 248. In einem levantinischen Haus des 19. Jh. mit lauschigem Garten. Empfehlenswertes Menü, abends in der Saison Live-Musik.

Basar: Das Viertel des Kemeraltı-Basars zwischen Konak und Gazi Osmanpaşa Caddesi bietet noch viel orientalisches Flair. Hauptachse ist die Anafartalar Caddesi, die als Fußgängerzone vorbei an alten Karawansereien, Moscheen und auch modernen Geschäften verläuft. Den üblichen Souvenirramsch gibt es kaum, dafür aber all die Dinge eines normalen türkischen Marktes – und sehr viel zu sehen.
Pitpazarı: Jeden Tag, Sonntag aber am belebtesten, findet auf der 1369 Sokak (Gazi Bulv.) ein Flohmarkt mit Second-hand-Waren und Antiquitäten statt.

Menekşi Çay Bahçesi: Im Kültür Parkı beim Luna Park.

Orte von A bis Z **Kalkan**

Großer Teegarten, in dem die Einheimischen mit Tee-Samowar (*semaver*) und Wasserpfeife (*nargileh*) den Feierabend genießen.
Kalyon: Cumhuriyet Bulv. 221, Ecke Pilevne Cad. Bierschwemme, beliebt bei der Universitätsjugend.
Mask: 1453 Sok. 18, Kibris Şehitler Cad. Edelbar in einen schön restaurierten historischen Bau.
Keyif: Cumhuriyet Bulv. 235. Kellerbar mit Techno; hier ist erst ab 23 Uhr etwas los.
Mogambo: Im Kültür Parkı nahe Montrö Meyd. Jugenddisco mit moderner Musik (Pop, Rap, Soft-Techno).
Santana: Kazım Direk Cad. Renommiertester Nachtclub von İzmir mit Bauchtanz, Striptease und gepfefferten Preisen.

Busse: Richtung Norden, Osten und Süden ab dem Bushof ca. 3 km nordwestlich vom Basmane-Bahnhof (*Yeni Garaj*). Zu den Orten der Çeşme-Halbinsel ab Fahrettin Altay Meyd., ca. 4 km südwestlich vom Konak. Buchung am besten bei den Busbüros am Basmane-Bahnhof, von dort Zubringerbusse.
Flug: Vom Flughafen etwa 20 km südlich mehrmals tgl. Flüge nach İstanbul, Ankara und Antalya. Busverbindung mit dem Zentrum nur in Verbindung mit internationalen THY-Flügen (ab/bis Büyük Efes Hotel). Per Zug ab Alsancak-Bahnhof (tagsüber stündlich) oder per Taxi für etwa 25 DM.
Bahn: Hauptbahnhof Basmane nahe Dokuz Eylül Meyd., ein weiterer Bahnhof in Alsancak. Züge etwa nach Manisa und Selçuk.
Leihwagen: Airtour, Ş. Eşref Bulv., 1371 Sok. 5, Tel. 441 62 52, am Flughafen: Tel. 274 21 17.
Zafer Turizm, am Flughafen Tel. 274 23 74 (günstiger).

Kalkan

Lage: F8
Vorwahl: 0242
Einwohner: ca. 3000

Das Hafendörfchen nahe bei Kaş ist ähnlich idyllisch wie das größere Nachbarstädtchen, doch noch überschaubarer – obwohl in letzter Zeit in der Umgebung viel gebaut wurde. Über dem neuen Jachthafen staffeln sich alte Griechenhäuser am steilen Hang. Kalkans großer Vorteil: Es liegt nahe bei Patara und Kaputaş, den besten Stränden an dieser Küste.

Mit Hilfe einer großen Dolmuş-Flotille sind Ziele in der Umgebung wie der **Patara-Strand** und die Ruinen von **Xanthos** (s. S. 74), der Urlaubsort **Kaş** (s. S. 61) und die Felsgräber von **Myra** (s. S. 73) schnell erreicht. Organisiert werden auch Touren in die Bergdörfer angeboten.

Balıkçıhan: Gleich über dem Hafen, Tel. 844 30 75, moderat.
Familiäre Pension mit Bar und schönem Hafenblick. Hübsche Zimmer. Beim Frühstück auf der Dachterrasse trifft man internationales Publikum.
Pasha's Inn: Im Ortszentrum, 10. Sok. 8, Tel. 844 10 17, moderat.
Etwas bessere Pension mit Anspruch. Türkische Teppiche verschönern die Rezeption, gepflegte Zimmer, aufmerksamer Service.
Hotel Pirat: Rechte Hafenseite, Parkplatz über die Mole zugänglich, Tel. 844 31 78,
Fax 844 31 83, teuer.
Das beste Hotel im Ort selbst. Komfortabler Komplex mehrerer Häuser im neoklassizistischen In-

Kalkan

Orte von A bis Z

Am Kaputaş-Strand zwischen Kalkan und Kaş

Orte von A bis Z

Kaş

selstil der Griechen. Schöne, wenn auch etwas beengte Poolanlage. Mit Restaurant; Wassersportangebote. Günstiger sind die Zimmer im Altbau.

Akın Restoran: Auf der ersten Terrasse über dem Hafen, gehört zur Pension Akın. Ein romantisches Plätzchen unter Bäumen mit schönem Meerblick.
Smile: Im Ortszentrum in der ›Souvenirgasse‹. Die Einrichtung nicht sonderlich herausgeputzt, das Angebot an Vorspeisen (›Help yourself‹) jedoch enorm.
Yakamoz: Direkt an der Hafenmole. Gute Fischgerichte (Spezialität: Schwertfisch); freundlicher Service. Wie in den anderen Restaurants am Hafen bezahlt man für Meeresrauschen etwas mehr.

Rund um den neuen Zentralplatz haben sich etliche nicht ganz billige **Antiquitätenläden** angesiedelt. Berühmt ist das Dorf aber immer noch für seine **Schneider**, die poppige Konfektion und Maßarbeiten anbieten.

Das **Nachtleben** ist in Kalkan noch eher beschaulich. Man trifft sich in den Bars im Zentrum. Außergewöhnlich ist die **Oba Bar**, ganz im Stil eines türkischen Nomadenlagers. Wer es moderner möchte, geht in die **Speakeasy Bar** nahe beim Bushof, die durch großes Getränkeangebot beeindruckt.

Busse: Vom Bushof vor dem Ortskern mindestens zweistündlich Verbindung Richtung Antalya und Fethiye. Dolmuş-Verbindung zum Kaputaş-Strand und nach Patara oder Kaş (nur bis 18 Uhr).

Kaş

Lage: F8
Vorwahl: 0242
Einwohner: 6000

Bei der Anfahrt von Kale grandioses Panorama: Zwei langgestreckte Halbinseln greifen ins Meer hinaus, in der Mitte die weißen Häuser von Kaş, im dunkelblauen Meer schwimmt die Insel Kastelorizo, die zu Griechenland gehört. Von Griechen besiedelt war zu Anfang des 20. Jh. auch das einstige Fischerdörfchen Kaş, das sich mittlerweile zu einem lebendigen, stetig wachsenden Urlaubsstädtchen gemausert hat.

Am Ansatz der Çukurbağ-Halbinsel ein kleineres **Theater** mit schöner Aussicht übers Meer. Es zeugt von der antiken Stadt Antiphellos, dem Hafenort der lykischen Stadt **Phellos**, deren Ruinen im Bergland über Kaş liegen. Erhalten sind auch noch einige Felsgräber und Sarkophage, als schönster das gut 4 m hohe Grab am Ende der ›Souvenirgasse‹, die links am Hafen hochsteigt.

Relativ sauber ist der **Büyükçakıl Plaj** (Big Pebble Beach) an der östlichen Küste (15 Min. zu Fuß). Kleine Boote morgens, mittags und gegen 16 Uhr zum **Liman Ağızı** am Ende der Bucht. Der beste Strand ist der **Kaputaş Plajı** im Westen (per Dolmuş).

Tauchen: Die Felsküste zwischen Kaş und Kekova mit etlichen Riffs und Höhlen ist ein Paradies für Taucher. Tauchbasen haben verschiedene Hotels, z. B. das Hotel Medusa (Flaschenverleih) oder das Hotel La Villa (Tauchschule) u. v. a.

Kaş
Orte von A bis Z

🐟 Gute Dolmuş-Verbindung nach **Patara** und **Xanthos** (s. S. 74) sowie nach **Myra** (s. S. 73).
Ausflugsboote fahren vom Hafen zu versteckten Buchten an der ›blauen‹ Küste.
Kekova: Insel östlich von Kaş mit Unterwasserruinen (Sunken City) und dem malerischen Dörfchen Kaleköy beim antiken Simena mit einer Johanniterburg. Am Festland das Dorf Üçağiz mit den Gräbern des antiken Teimiussa (per Boot tgl. 9 Uhr; nach Üçağiz führt auch eine Straße, die 15 km östlich von der Küstenstraße abzweigt).
Kastelorizo: Die kleine Insel (türk. Meis) vor der Küste gehört schon zu Griechenland. Zur Jahrhundertwende war der pittoreske Inselort Megisti die größte Stadt der lykischen Küste. Bootsausflüge je nach politischer Lage.
Gömbe: Das Dorf liegt malerisch in einem Hochtal unterhalb des über 3000 m hohen Ak Dağ. An einem See Fischlokale, in der Nähe ein Gebirgswasserfall. Organisierte Ausflüge.

ℹ️ Cumhuriyet Meydanı, am Hafenplatz, Tel. 836 12 38.

🛏️ **Limyra Pansiyon:** Rechts der Straße vom Bushof zum Hafen, Tel. 836 17 16, günstig.
Pension mit angenehmen Zimmern und familiärer Atmosphäre; Frühstück gibt's auf der Dachterrasse. In der Umgebung viele ähnliche Pensionen, ebenso rund um die Moschee beim Theater.
Hotel Mimosa: Unterhalb der Busstation, Tel. 836 12 72, Fax 836 13 68, moderat.
Neueres Mittelklassehotel, mit viel Holz eingerichtet. Eher karg möblierte Zimmer, doch meist mit Balkon; Dach-Restaurant und kleiner Pool.

In Kaş geht es noch recht familiär zu

Kaş Hotel: Vom Hafen Richtung Theater halten, Tel. 836 12 71, moderat.
Hübsch eingerichtete Bungalows direkt an der Küste. Sonnendeck am Meer, gutes Restaurant.
Hotel La Villa: Im östlichen Neubauviertel, Tel. 836 21 44, Fax 836 21 45, moderat.
Neueres Mittelklassehaus, Zimmer teils mit Hafenblick; mit Pool und Tauchschule.
Club Aqua Park: Çukurbağ Yarımadası, auf der Halbinsel nach Westen, 8 km von Kas, Tel. 836 19 01, Fax 836 19 06, teuer.
Komfortable Clubanlage in traditioneller Architektur, aufwendiger Pool-Komplex mit Rutschen, unterhalb liegen Badeplattformen.

🍴 **Mercan Restoran:** Am Hafen, Ostseite. Nobles Terrassenlokal direkt am Wasser mit Fischspezialitäten und gepflegtem Service, besonderes Plus ist der lange Sonnenuntergang.

Orte von A bis Z **Kemer**

Eriş: Am kleinen Platz rechts von der ›Souvenirgasse‹. Bei jungen Leuten beliebter Treffpunkt mit guter türkischer Küche. Rund um den Platz weitere, allesamt recht nette Lokale und Bars.
Orkinos: In der ›Freßgasse‹ zwischen Hafen und Marktplatz. Hier sitzt man auf dem Präsentierteller: durch die Gasse kommt abends jeder, zumindest um mal zu schauen. Das Orkinos hat den charmantesten Wirt.
Pizzeria Funghi: Rechts vom Hafen Richtung Theater. In eher bescheidenem Ambiente echt-italienische Pizzen aus dem Holzkohleofen.

Das **Souvenirangebot** (von Teppichen bis zu Antiquitäten) ist groß; schöne Läden etwa an der Gasse, die vom Hafen östlich den Hügel emporsteigt. Am Platz bei der PTT findet jeden Tag ein **Markt** statt: neben Obst und Gemüse auch türkische Spezialitäten. Am lebendigsten ist es hier freitags beim Wochenmarkt.

Das Nachtleben ist in Kaş intensiv und recht familiär: Man lernt sich rasch kennen. Eine echte Bierschwemme ist das **Cafe Corner** schräg gegenüber der PTT. Am Hafen etliche Bars mit Schwarzlicht und Disco-Beschallung. Die In-Bar ist das **Redpoint** zwischen PTT und der ›Souvenirgasse‹, das mit einem DJ aus İstanbul auftrumpft. Kleinere **Discos** im Hotel Mimosa und im Hotel Ekici. Wer es ruhiger mag, geht in die **Antique Bar** (häufig Live-Musik).

Busse: Busstation am Dorfeingang. Nach Kalkan, Patara, Myra und zum Kaputaş-Strand ist eine ganze Armada von Dolmuş-Bussen unterwegs (nur bis 18 Uhr).

Kemer

Lage: H7
Vorwahl: 0242
Einwohner: 10 000

Es war einmal ein Fischerdorf, das wurde mit einem 30-Millionen-Dollar-Kredit der Weltbank zum Ferienzentrum ausgebaut – und das ist Kemer. Heute säumen Hotels nur vom Feinsten die gesamte Küste von Beldibi und Göynük im Norden bis hinter Çamyuva und Tekirova im Süden. Die ist aber immer noch schön, zumal das waldreiche Beydağları-Gebirge (in der Antike Olympos), das direkt vom Strand aus bis auf 3000 m emporsteigt, unter Naturschutz steht. Insgesamt also eines der besten Feriengebiete der Türkei.

Yörükü Parkı: Eine Art Museumsdorf auf der schmalen Halbinsel neben dem Moonlight Park am Ayışığı-Strand. Nachgebautes Lager (*Oba*) einer Nomadenfamilie der alten Zeit (die noch gar nicht so lang her ist).

Der Ausflug nach **Antalya** (s. S. 31) ist ein Muß; sehr beliebt sind auch Touren per Jeep oder Mountainbike in den **Beydağları-Nationalpark**, die von Agenturen angeboten werden.
Phaselis: 12 km südlich von Kemer an der Straße nach Kumluca; von Kemer aus fahren auch Ausflugsboote. Eine der idyllischsten Ruinenstädte der Türkei. Unter Pinien verstecken sich die Reste von Aquädukt, Agora, Theater und dem Hadrianstor, zwei Buchten laden zum Baden ein.
Olympos: Ca. 37 km von Kemer. Antike Stadt abseits der Hauptstraße nach Kumluca beim Dörfchen Çıralı, die Anfang des 1. Jh.

Kemer

Orte von A bis Z

Kemer ist eines der modernsten Ferienzentren der Türkei

v. Chr. als Seeräubernest berüchtigt war. Erhalten blieb wenig, doch lohnt der Strand einen Ausflug. 5 km nördlich von Çıralı beginnt bei einem Parkplatz ein markierter Pfad, der hinauf zu den ›Brennenden Steinen‹ von **Yanartaş** führt. So heißt heute die mythenumwobene Stelle, wo nie verlöschende Methangasflammen aus der Erde schlagen. In der Antike sagte man, hier habe der Held Bellerophontes die Chimaera, ein feuerspeiendes Ungeheuer, getötet.

Limyra (G8): Bei Finike (67 km), dort Richtung Elmalı und über Turunçova zum Weiler Zergerler. Im 4. Jh. hatte hier Perikles, der mächtigste Fürst von Lykien, seine Residenz. Vom Theater steigt man zu den lykischen Sarkophag-Gräbern am Hang auf; ganz oben (300 m) liegt das Grabmonument des Perikles, von dem aber wenig blieb. Lohnend die Aussicht, u. a. auf die Mauerreste der Unterstadt, deren spektakulärstes Monument der Grabtempel zu Ehren von Gaius Caesar, einem Enkel von Kaiser Augustus, war.

Arykanda (G7): Von Finike 35 km Richtung Elmalı bis zum Dorf Arif; dort steile Auffahrt nach rechts (1 km). Diese antike Stadt weit im bergigen Hinterland ist eine der idyllischsten des alten Lykien. Auf Terrassen unter einem Steilhang staffeln sich Ruinen von Thermen und Gymnasion, die Agora, darüber Theater und Stadion.

Belediye Binası 10, am Hafen, Tel. 814 11 12.

Orte von A bis Z — **Köyceğiz**

Kaliptus: Liman Cad. 106 Sok. 4, beim Restaurant Asta Mañana von der Straße zum Hafen abbiegen, Tel. 814 37 46, Fax 814 24 67, günstig.
Wunderschöner Neubau im Stil eines osmanischen Antalya-Hauses und familiärem Ambiente. Mit Pool und Frühstücksgarten.
Kaftan Hotel: Hastane Cad., 108 Sok., am Ortsausgang Richtung Çamyuva, Tel. 814 44 34, Fax 814 44 35, moderat.
Modernes Mittelklassehaus mit 42 Zimmern und Pool, 300 m vom Strand, Zimmer mit Klimaanlage.
Otem Hotel: Direkt am Hafen, Tel. 814 31 81, Fax 814 31 90, teuer.
Eines der besten im Ort selbst: neue, vierstöckige Anlage um Pool und Kinderbecken, großzügige Zimmer mit Klimaanlage.

... in der Umgebung
Kiriş World: 7 km südlich von Kemer, Tel. 824 68 00, Fax 824 68 20, Luxus.
Funkelnagelneue Anlage zwischen zwei Strandbuchten; die dritte Bucht ist für die Open-air-Disco reserviert. Großzügige Zimmer, Pools und Lounge, im Sportbereich fehlt nichts zwischen Sauna und Parasailing.
Erman Holiday Camp: Zwischen Göynük und Kemer, Tel. 824 81 96, moderat.
Landschaftlich traumhaft gelegener Campingplatz; vermietet auch kleine Bungalows. Für Komfort ist gesorgt (Pool, Minimarkt).

Mandalina: Liman Cad., Ecke Anafartalar Cad. Der Platz mit der Felsskulptur vor dem Mandalina ist das Zentrum Kemers: Hierhin kommt man, um zu sehen und gesehen zu werden. Sehr gute Auswahl an türkischen und internationalen Gerichten.
Asta Mañana: Am Anfang der Liman Cad. Unter einem riesigen Sombrero wird mexikanische und türkische Küche serviert.
Idyros: Atatürk Bulv. südlich der Liman Cad. kurz vor der Moschee. Edel-Restaurant mit schönem Innenhof und gepfefferten Preisen. Man versucht französische Küche, es gibt aber auch Steak und Pizza.
Merkız Aspava: Atatürk Bulv., bei der Busstation. Hübsches Gartenlokal, in dem man auch viele Einheimische trifft, günstige Preise.

Moonlight Park: Am Ayışığı-Strand. Ein Freizeitpark unter Kiefern, der vom Restaurant bis zur Open-air-Disco alles bietet.
Flamingo Beach Club: Am östlichen Ortsstrand. In-Disco mit aktueller Musik (Techno, House).

Busse: Fernbushof am Ortsrand Richtung Antalya nahe der Post. Halbstündlich Kleinbusse nach Çamyuva, Tekirova, Beldibi und Antalya, stdl. nach Fethiye.
Leihwagen: Airtour, Club Aldiana Milta, Göynük Sahil Yolu, Tel. 815 16 50.

Köyceğiz

Lage: E6
Vorwahl: 0252
Einwohner: 6500

Der Köyceğiz-See zählt zu den schönsten Naturlandschaften der Türkei. Eine Lagune mit Schilfdickichten sperrt ihn zur See hin ab, der Strand dort wurde als Brutrevier der Meeresschildkröten *Caretta caretta* bekannt. Große Hotels gibt es nicht, doch das Dörfchen Dalyan, über das abends die Moskitoschwärme herfallen, ist schon ganz auf Überfahrten zum

Köyceğiz

Orte von A bis Z

Die Felsgräber von Kaunos am Köyceğiz-See

antiken Kaunos eingestellt. Köyceğiz selbst hat viel vom türkischen Lebensstil bewahrt.

İztuzu Beach: Per Boot zu erreichen. Der größte Teil des ›Schildkrötenstrandes‹ am Ende der Lagune steht zwar unter Naturschutz, doch auf der Westspitze tummeln sich die Ausflügler.
Sarıgerme: Per Auto ca. 50 km, südlich vom Flughafen Dalaman. Feinsandiger Strand vor grüner Bergkulisse. Einer der besten Küstenabschnitte der Türkei mit hochkarätigen Hotels.

Kaunos: Nur per Boot. Die Ruinenstätte ist vor allem wegen ihrer Felsgräber berühmt. Unvergeßlich ist auch der Blick von der Höhe der Akropolis (150 m). Im Stadtzentrum ein Theater und Tempelruinen; der Hafen ist als verlandeter Tümpel erkennbar.
Schlammbäder: Die ›Mud Baths‹ von Horozlar Köyü sind das beliebteste Ausflugziel – wann hat man sich schließlich zuletzt so richtig im Dreck gesuhlt?
Ekincik: Idyllische Bucht an der Küste im Westen. Am Strand verlaufen sich die Ausflügler, morgens sind die wenigen Gäste des Ekincik-Hotels ganz unter sich.

Atatürk Kordon, am Seeufer, Tel. 262 47 03.

... in Köyceğiz
Özay: Kordonboyu 11, einige Schritte links vom Hauptplatz, Tel. 262 43 00, moderat.
Hübsches kleines Hotel mit ›osmanischer‹ Einrichtung, nette Wirte.
Kaunos: Topel Cad. 37, am westlichen Seeufer, Tel. 262 42 88, Fax 262 48 36, moderat.
Neueres, gut geführtes Mittelklassehaus mit Pool und Restaurant, eine ruhige Alternative zu den Hotels in Marmaris.

Die Spezialität in Köyceğiz sind Fische aus dem See und Flußkrabben.
Çınaraltı: Gartenlokal links am Kordon, das auch traditionelle Gemüsegerichte serviert.
Şamdan: Rechts am Kordon, der Meerpromenade. Unter Weinlaub tafelt man hier mit wunderbarem See-Blick.

Busse: Fernbusse halten in Köyceğiz und Ortaca; nach

Orte von A bis Z **Kuşadası**

Ekinci von Köyceğiz, nach Dalyan von Ortaca per Kleinbus.
Boote: Ab Köyceğiz vormittags nach Dalyan/Kaunos; von Dalyan etwa stündlich Boote nach Kaunos und zum İztuzu Beach.
Leihwagen: Airtour, Flughafen Dalaman, Tel. 692 59 79.

Kuşadası

Lage: B4
Vorwahl: 0256
Einwohner: 27 000
Extra-Tour 1: s. S. 84
Extra-Tour 2: s. S. 86

Badenixen in den Schlammbädern bei Sultaniye

Das betriebsame Urlaubsstädtchen zählt zu den wichtigsten Tourismuszentren der Türkei: Kreuzfahrtschiffe belagern den Hafen, Hotelburgen türmen sich am berühmten Kadınlar-Strand, und Villensiedlungen wuchern bis hinunter nach Güzelçamlı im Süden – so platzt Kuşadası im Sommer aus allen Nähten. Von der Vergangenheit der Ende des 13. Jh. als genuesischer Hafen gegründeten Stadt ist kaum noch etwas präsent, und alles scheint sich um reinen Ferienspaß – Strand, Disco, Einkaufsbummel – zu drehen.

Öküz Mehmet Paşa Han: Die wehrhafte Karawanserei am Hafen, erbaut Anfang des 17. Jh., wurde zu einem Luxushotel mit Restaurant umgestaltet. Der schattige Innenhof ist das schönste Plätzchen am Ort.
Güvercinada: Das genuesische, im frühen 19. Jh. erneuerte Kastell auf der ›Taubeninsel‹ bietet einen schönen Blick auf die Stadt und den Mastenwald des neuen Jachthafens. Vor allem am Abend (Disco, Cafés) sehr romantisch.

Der zur Promenade ausgebaute **Stadtstrand** am Atatürk Bulvarı ist nicht sonderlich schön. Ruhiger ist es auf der **Yılancı-Halbinsel**, ansonsten trifft man sich am **Kadınlar Plajı** (›Frauenstrand‹) im Süden: feiner Sand, aber voll und von Hotels umlagert. Fast idyllisch sind die Strände von **Pamucak** (15 km nördlich) und beim **Dilek-Nationalpark** (35 km südlich, s. S. 68).

Tauchen: Eray Diving, Inönü Bulv. 38, Tel. 614 12 14. Anfängerkurse und Trips für Fortgeschrittene.

Ephesos/Selçuk (s. S. 48) ist ein Muß, ebenso die Tagestour nach **Priene**, **Milet** und **Didyma** (Extra-Tour 2, s. S. 86).
Söke (B/C4): Ca. 23 km südöstlich. Der wohlhabende Ort ist das Zentrum des Baumwollanbaus in der Schwemmlandebene des Büyükmenderes (s. S. 86). Hier ist man plötzlich in der ›richtigen‹, der orientalischen Türkei – am besten fährt man, wenn der große Wochenmarkt stattfindet – also mittwochs.

Kuşadası

Orte von A bis Z

Magnesia (ad Maiandros): 15 km nördlich von Söke. Von der antiken Stadt haben sich die mächtige Stadtmauer, Ruinen einer römischen Kaserne und die durcheinandergewürfelten Trümmer eines ionischen Tempels erhalten.

Dilek-Nationalpark: Die Halbinsel des Samsun Dağı, die bis auf 1,3 km zur griechischen Insel Samos ausgreift, ist als Ausflugsziel am Wochenende beliebt. Unter der Woche sind die idyllischen Strände leer, Naturfreunde finden im Waldgebirge stille Wanderwege und mit Glück freilebende Ponys.

Klaros: 27 km nördlich Richtung Gümüldür, dann Richtung Menderes/Ahmetbeyli abbiegen. Die antike Stätte lohnt nur am Ende des Sommers einen Besuch, denn im Frühjahr sind die Ruinen des Tempels mit unterirdischer Orakelkammer im Grundwasser versunken. Auf dem Rückweg kann man sich am Sandstrand beim Notion Restoran abkühlen und die antike Stadt **Notion** auf dem Hügel im Süden erkunden.

Liman Cad. 13, am Hafen, Tel. 614 11 03.

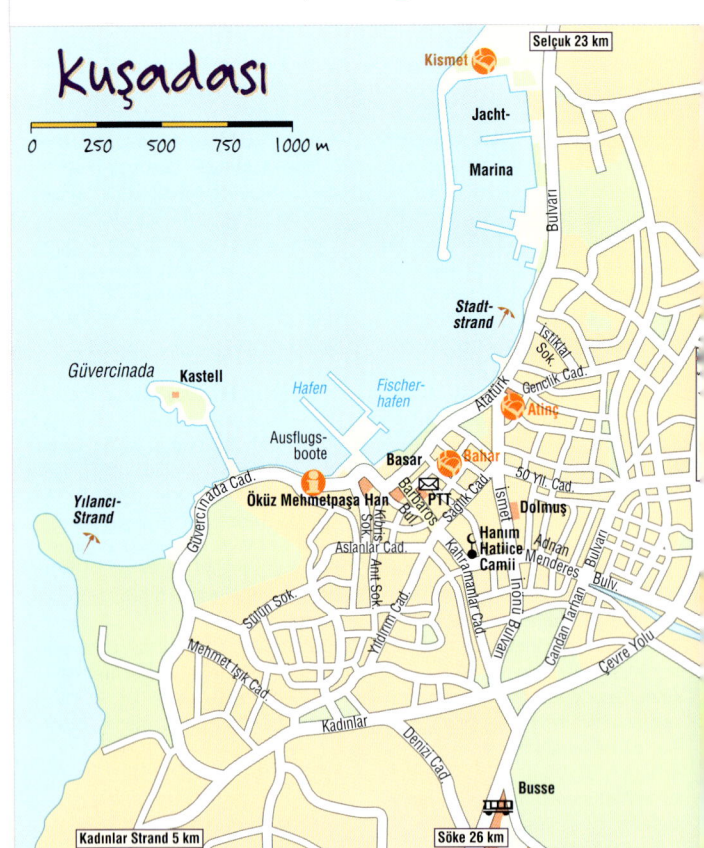

Orte von A bis Z **Kuşadası**

Am Kadınlar-Strand bei Kuşadası ist es in der Saison nicht leicht, noch ein Plätzchen zu finden

Bahar: Cephane Sok. 12, Tel. 612 11 91, günstig.
Eine bessere Pension in ruhiger Gasse, doch zentrumsnah. Saubere Zimmer und nette, jugendliche Atmosphäre.

Atinç, Atatürk Bulv. 42, Tel. 614 76 08, Fax 614 49 67, moderat.
Modernes, komfortables Stadthotel kurz vor dem Hafen mit schönem Meerblick. Zimmer mit Klimaanlage, kleiner Pool und Sonnenterrasse auf dem Dach.

Kısmet: Ca. 2 km vom Zentrum, Tel. 614 20 05, Fax 614 49 14, teuer.
Traditionsreiches Haus über dem Jachthafen, in dem schon Queen Elizabeth II. logierte, gegründet von einer Enkelin des letzten osmanischen Sultans. Zimmer mit Klimaanlage; Pool und privater Felsstrand. Aber: Open-air-Disco in der Nähe!

Club Caravansérail: Im renovierten Öküz Mehmetpaşa Han, Tel. 614 41 15, Fax 614 24 23, Luxus.
In geschmackvollem Rahmen eine beliebte Adresse in der Film- und Politikerwelt.

... am Kadınlar-Strand
Turkad Hotel: Tel. 614 14 05, Fax 61476 30, moderat.
Etwas phantasieloser Bau der unteren Mittelklasse, etwa 50 m vom Strand entfernt, aber mit Balkonen zum Meer und Pool.

İmbat: Tel. 614 20 00, Fax 614 49 60, teuer.
Alteingesessenes Komforthotel, mehrfach modernisiert. Mit hübschem Restaurant, Privatstrand, Meerwasser-Pool und Sportmöglichkeiten (eigene Tauchschule).

Fischrestaurants findet man am Hafen und an der Promenade zur ›Taubeninsel‹. Ein zweites ›**Restaurantgebiet**‹ liegt zwischen Kahramanlar und Sağlık Caddesi im alten Basar. Gute **Kebap-Lokale** rund um die Hatiice Hanım Camii.

Ali Baba: Am Hafen. Das beste der dortigen auf Meeresfrüchte spezialisierten Restaurants.

Expert Basar: Kahramanlar Cad. Verstecktes Lokal in einem kleinen Garten, unter deutscher Leitung und sehr beliebt.

Güldüoğlu: Nahe Sağlık Cad. Das bestimmt ›feinste‹ Restaurant der

Kuşadası

Orte von A bis Z

Stadt, mit Orientteppichen und Edelholzambiente.
Hünkar Sofrası: Kişla Sok. Gute Qualität und reiche Vorspeisenauswahl in einem hübschen Garten bei angenehmem Service. Eines der besten, aber nicht billig.
Mehmet Paşa Han: Nobelrestaurant des Hotels Caravansérail in dessen schattigem Palmenhof.
Sultan Han: Sakarya Sok., im Basarviertel hinter der Post. Im Innenhof eines alten osmanischen Holzhauses; sehr hübsch aufgemacht.

Nachtleben findet vor allem in den Bars zwischen Hafen und Altstadt und in den Gassen des früheren Basarviertels nördlich des Barbaros Bulvarı (der Fußgängerzone) statt.
Disco Parizien: Im Kastell auf Güvercinada. Eher einfach, gemischtes Publikum, vor allem aber türkische Kids.
The Temple Club: Nahe Hotel Kısmet. Open-air-Disco; viel türkische Schickeria, die am Wochenende aus İzmir anfährt.
Akdeniz Disco: Im Club Akdeniz südlich vom Kadınlar-Strand. Internationales Publikum, hat etwas von Ibiza-Atmosphäre.

Busse: Fernbushof am Südrand der Stadt. Gute Kleinbusverbindung mit Selçuk/Ephesos, mit Güzelcamlı (dem letzten Dorf vor dem Dilek-Nationalpark) und nach Söke (von dort Kleinbusse nach Priene).
Fähre: Zwischen April und Okt. tgl. ein Fährboot zur griechischen Insel Samos.
Leihwagen: Airtour, Atatürk Bulv., Çiftçioğlu Apt. 64/10, Tel. 614 28 56.
Toya Turizm, Atatürk Bulv. 60, Tel. 612 68 49 (auch Motorräder).

Marmaris und İçmeler

Lage: D6
Vorwahl: 0252
Einwohner: 28 000

Marmaris ist eine Welt für sich: die modernste Urlaubsstadt mit dem größten Jachthafen und einigen der besten Hotels der Türkei, eingefaßt von einer kreisrunden, fast völlig gegen das offene Meer abgeschlossenen Bucht. Aufgrund dieser grandiosen Küstenlandschaft, gerahmt von dunkelgrünen Kiefernwäldern, haben Marmaris und die Nachbarstadt İçmeler ein sehr mildes Klima, so daß nachts nicht nur bei den Ravern in der ›Bar Street‹ der Schweiß fließt. Wer nicht bloß zwischen Strand und Disco pendeln will, hat ein breites Angebot an Ausflugstouren per Boot zur Auswahl. Schon ab 700 DM pro Tag kann man auch eine bemannte Jacht für 5–6 Personen mieten und zur ›Blauen

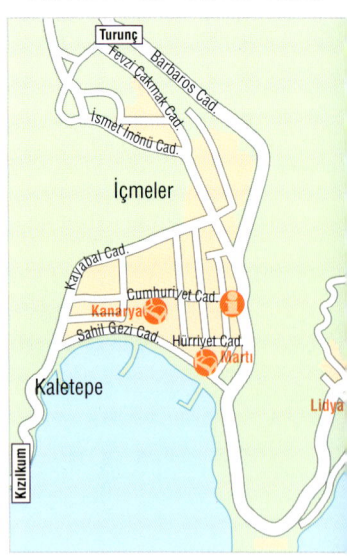

Orte von A bis Z **Marmaris**

Reise‹ an einer der schönsten Küsten des Mittelmeers aufbrechen (Extra-Tour 3, s. S. 88).

Marmara Kalesi: Tgl. außer Mo 8–12, 13–15 Uhr. Die osmanische Burg über der Altstadt wurde restauriert und dient heute als Museum zur Stadtgeschichte. Die engen weißen Gassen am Burghügel sind der idyllischste Teil der Stadt – hier kann man die Atmosphäre des einstigen Fischerdorfs Marmaris noch erahnen.

Am **Stadtstrand** vor der Atatürk Caddesi und den Stränden an der Hotelzone kann man immer noch gut baden.
Badeboote: Wer mehr Ruhe will, fährt per Boot (Abfahrt 10 Uhr) zu abgelegenen Stränden in der Umgebung, etwa zum Badeörtchen **Turunç,** zum **Kumlubük-Strand** und zum **Bozukkale-Strand** bei den Ruinen von **Loryma** auf der Bozburun-Halbinsel; einsame Minibuchten bietet auch **Çennet Adası,** die Halbinsel vor der Marmaris-Bucht.
Kleopatra Island: Der wohl beste Strand der Umgebung (auch Şehir Adası), etwa 20 km Richtung Gökova: Fähre bei Çamlıköy oder Taşbükü gegen 10 Uhr. Es heißt, Marcus Antonius habe den feinen Sand für Kleopatra extra vom Roten Meer holen lassen. Einsam ist es hier aber längst nicht mehr.

Kaunos (s. S. 66) und **Knidos** (s. S. 45) sind die wichtigsten antiken Stätten der Umgebung.
Bozburun-Halbinsel: Zwischen Turunç (s. S. 80) und Kumlukük kann man zu den idyllischen Ruinen des antiken **Amos** aufsteigen. Nur per Boot ist **Loryma** auf der Spitze der Landzunge mit seiner eindrucksvollen antiken Stadtmauer zu erreichen. **Bozburun** selbst, auf der Westseite, ist eine Station der ›Blauen Reise‹ und noch nicht allzu touristisch (Anfahrt über Hisarönü, Richtung Datça).

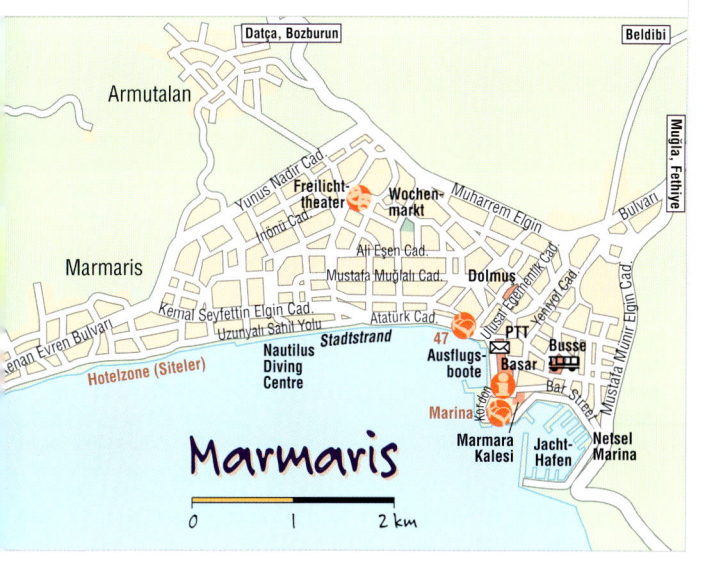

Marmaris

Orte von A bis Z

Typisches Urlaubsleben am Kordon von Marmaris

Muğla: Die Kreisstadt 60 km nördlich lohnt wegen der traditionellen Altstadt und dem pittoresken Wochenmarkt einen Ausflug. **Yatağan,** 28 km weiter, ist berühmt für seine Kupferhandwerker. Tip: Beim Rückweg Rast an der Steilabfahrt hinter dem 775 m hohen Çiçekbeli-Paß; tolle Aussicht!

Europaen Dive Center:
AYC Marina (nahe Gol Mar Hotel), İçmeler, Tel. 455 47 33, Fax 455 47 34,
Tauchkurse und Ausfahrten unter britischer Leitung.

İskele Meydanı 2, am Hafen, Tel. 412 10 35.

Marina: Barbaros Cad. 37, Tel. 411 00 20,
Fax 412 65 98, moderat.
Wohnen zwischen Hafen und Burg – das hat seinen Preis. Die Lage ist erstklassig, doch bestimmt nicht ruhig.
Hotel 47: Atatürk Cad. 10,
Tel. 412 17 00, Fax 412 41 51, moderat.
Zwar nicht ganz taufrisch, einen Pool gibt es auch nicht, aber angenehm und relativ nah zur Altstadt.

Lidya: Am Ortsausgang Richtung İçmeler, Tel. 412 29 40,
Fax 412 14 78, teuer.
Traditionsreiches Haus in schönem Park; mit Pool, gutem Night Club und großem Sportangebot.

... in İçmeler
Kanarya: Nolu Sok. 66, an der Promenade am Flüßchen, Tel. & Fax 455 29 09, moderat.
Relativ günstige Anlage mit einer Bar im Piratenstil und großem Pool. Zentral und strandnah.
Martı Resort: Tel. 455 34 40,
Fax 455 34 48, teuer.
Luxuriöse Anlage in der östlichen Strandebene, sehr schöne, riesige Poolanlage, Kinderspielplatz, zahlreiche Sportangebote, Wassersport, Open-air-Disco.

Am **Kordon,** der Uferpromenade, über die bis spät in die Nacht die Flaneure ziehen, reihen sich die Restaurants. Ruhiger sitzt man in den häufig preiswerteren Lokalen der Nebengassen.
Mona Titti: Am Kordon kurz vor der ›Bar Street‹. Als bestes Lokal von Marmaris gewählt – mindestens ist es das am fantasievollsten dekorierte: poppig bunt mit naiven Malereien.

Orte von A bis Z **Myra**

🛍️ Großer **Basar** unterhalb der Burg: Unter Sonnenschutzplanen wird neben Teppichen und Gold viel Lederkleidung verkauft, bis hin zu Pelzmänteln. Moderne Markenware (echte!) im Shopping Centre der **Netsel Marina**. Naschkatzen sollten sich an den Imkern vorbeifahren, die an der Gököva-Straße **Pinienhonig** anbieten.

🍸 Die Altstadtgasse nördlich des Burghügels heißt im Jargon nur noch ›Bar Street‹ – hier ist bis frühmorgens etwas los.
Casablanca: Bar Street. Angesagteste Disco, allerdings passen Lightshow und Musik nicht sonderlich zusammen.
Night Park: Bar Street. Nur für Leute unter 30. Es wird nicht immer Techno gespielt, aber wenn, dann geht die Post ab.
Turban Disco: Im Turban Hotel zwischen Marmaris und İçmeler. Mit Tanzplattform im Meer: toll für warme Sommernächte.

Caria: Am Kordon. Geführt von einer Schwedin. Gute Vorspeisenplatte und feine italienische Pasta.
Drunken Crab: Zwischen Basar und Bar Street. Sehr nobles Meeresfrüchte-Restaurant. Die Küche hält, was das Ambiente verspricht.
Hillside: Am Weg zur Burg. Türkische Traditionskost in einem hübschen Altstadthaus. Von der Dachterrasse wunderbarer Blick.
... in İçmeler
Bamboo: Im Rundbau am Strand beim Flüßchen. Den Fisch wählt man hier nicht aus der Kühlauslage, sondern lebend aus einem Seewasserbecken.
La Grotta: Am Martı Beach, gehört zum Hotel. Echte italienische Küche: Pasta, Pizza und der Rest, sogar Carpaccio.
Turkish House: Außerhalb an der Straße nach Turunç. Folkloristisches Gartenrestaurant; abends Tanzvorführungen.
Akyaka: Im Urlaubsdörfchen ca. 30 km nördlich von Marmaris gibt's idyllische Restaurants an einem Flüßchen, wie ein kleines Schlößchen z. B. das Cennet. Spezialität sind Forellen vom Grill. Zufahrt durch die Platanenallee bei Gökova, am Ende nach links.

🔄 **Busse:** Per Dolmuş nach Datça, Bodrum, Dalaman, Dalyan/Kaunos, İçmeler und Turunç.
Fähren: In der Saison schnelle Hydrofoils nach **Rhodos** (etwa 45 Min. Fahrt). **Ausflugstouren** ab Yeni Kordon unterhalb der Burg.
Leihwagen: Airtour, Kenan Evren Bulv., İlter Sok., Tel. 412 80 73.

Myra (Kale/Demre)

Lage: G8
Vorwahl: 0242
Einwohner: 15 000

Das Städtchen, das mit vielen Gewächshäusern die Küstenebene besetzt, war in der Antike eine Großstadt; an der Küste liegt der Hafen Andriake, eine Station der

Myra

Rom-Reise des Apostels Paulus. Im frühchristlichen 4. Jh. wirkte hier der hl. Nikolaus, dessen Karriere zum ›Weihnachtsmann‹ begann, als die Normannen seine Gebeine nach Bari verbrachten.

Felsgräber und Theater: Tgl. 8–17 Uhr, im Sommer bis 19 Uhr.
Im Norden des Dorfes erreicht man die berühmte Nekropole mit gut erhaltenen Felsgräbern im lykischen Stil, die in Hausform aus dem Gestein geschlagen wurden. Davor das mächtige Theater aus dem 2. Jh.
Nikolaus-Basilika: Tgl. außer Mo 8–12, 13–17.30 Uhr.
Dreischiffige Kirche im byzantinischen Stil westlich vom Dorfplatz. Man sieht verblaßte Fresken, der Sarkophag des hl. Nikolaus ist jedoch im Antalya-Museum.
Andriake: Ruinen von Lagerhäusern und Sarkophage säumen den Weg zum langen feinsandigen Strand, der noch kaum touristisch erschlossen ist. Von hier Bootstouren zur Insel Kekova (s. S. 62).

Kent Pansiyon: Am Ortsausgang Richtung Theater, Tel. 871 20 42, günstig.
Einfache Pension mit hübscher Gartenterrasse, aber gepflegt.
Simge: Hinter der Busstation bei der Post, Tel. 871 36 74, Fax 871 36 77, moderat.
Neueres Haus der unteren Mittelklasse. Als Service: auf Wunsch werden Touren zu Zielen der Umgebung organisiert.

Patara

Lage: F8
Vorwahl: 0252
Einwohner: ca. 60

Die große antike Hafenstadt ist heute berühmt wegen ihres langen breiten Sandstrands, der als Brutplatz der vom Aussterben bedrohten Meeresschildkröten *Caretta caretta* unter Naturschutz steht. Trotz Bauverbot herrscht reger Badebetrieb; im Dorf **Gelemiş** etwas im Inland gibt es inzwischen auch einfachere Hotels.

Knapp hinter Gelemiş, nach dem Schlagbaum (Eintritt), die ersten Ruinen: das **Modestus-Tor**, ein römischer Triumphbogen; gleich rechts dahinter wurden die Straßen rund um eine Basilika freigelegt. Vom **Theater** kurz vor dem Strand hat man einen schönen Blick auf die Stadt mitsamt dem antiken Hafenbecken. Beide wurden vom Sand verschlungen, der Hafen ist heute ein unzugängliches Sumpfgebiet.

Xanthos (F8): 10 km nördlich Richtung Fethiye beim Dorf Kınık. In der Antike war Xanthos die reichste Stadt Lykiens. Das römische Theater wird überragt vom Harpyien-Monument, das nach den Reliefszenen auf der Grabkammer an der Spitze benannt ist. Jenseits der Agora bildet der ›Inschriftenpfeiler‹ den Rest eines weiteren Pfeilergrabs. Im Osten liegt eine Basilika, nach Norden geht es hoch zur römischen Akropolis. Hier ist Xanthos besonders schön: Unter Olivenbäumen immer wieder Sarkophage und auf der Höhe ein Pfeilergrab inmitten von Hausgräbern.
Letoon: 2 km westlich von Kınık nach Kumluova abbiegen. Bei Xanthos lag auch das Zentralheiligtum der lykischen Städte, in dem die Fruchtbarkeitsgöttin Leto und ihre Kinder Apollon und Artemis verehrt wurden. Bis auf die

Orte von A bis Z — **Perge**

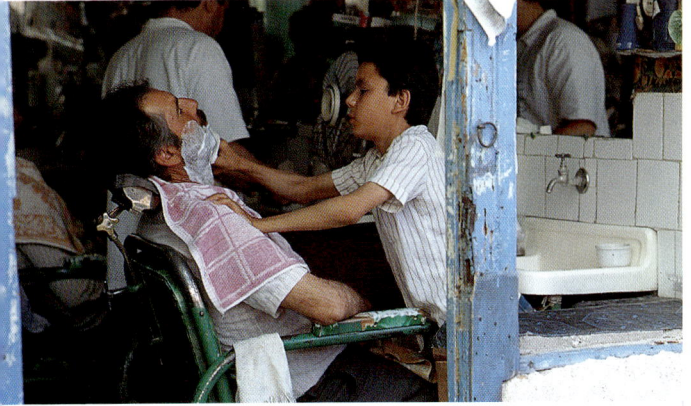

So glattrasiert war man selten: Ein Besuch beim Barbier ist eines der kleinen Abenteuer, die man sich nicht entgehen lassen sollte

drei Tempel und das Theater liegen heute alle Bauten unter dem Grundwasserspiegel: Zwischen Schilf tummeln sich nun Frösche und Wasserschildkröten in den heiligen Hallen.

Pataros: Im Dorf hinter der PTT, Tel. 843 52 36, Fax 843 52 34, moderat.
Einer der ersten der vielen Hotelneubauten mit üppigem Garten, Pool. Nicht allzu große Zimmer (nach hinten sind sie kühler).
Dardanos: Im Dorfzentrum, Tel. 843 51 09, Fax 843 51 10, moderat.
Einfaches, ebenfalls neueres Haus mit großen Zimmern, das nicht in einen Pool investiert hat, sondern Jeep- und Trekkingtouren organisiert und Kanus verleiht. Beliebt bei jüngeren Leuten.
Patara View Point: Auf dem Osthügel, Tel. 843 51 84, Fax 843 50 22, moderat.
Leicht orientalische Einrichtung und ein sehr höflicher Wirt, der fließend Französisch spricht. Große Zimmer, alle mit Moskitonetz: daß das nötig ist, merkt man in Gelemiş schnell.

Da die wenigsten Hotels ein Restaurant haben, trifft sich alles im Zentrum rund um die PTT. Die Lokale sind alle recht lauschig und bieten einfache, aber gute und abwechslungsreiche Küche. Die beste Auswahl hat das **Antalya Restoran**. Am Strand nur noch ein Holzkiosk mit Getränkeverkauf.

Busse: Dolmuş pendeln zwischen Kaş, Kalkan, Patara und Xanthos (Kınık). Fernbusse zwischen Antalya und Fethiye halten in Kınık; nach Patara steigt man am Abzweig aus und hält einen Dolmuş per Handzeichen an.

Perge

Lage: J6

Im 1. Jh. n. Chr. war Perge als Kultzentrum der Göttin Artemis Pergaia weithin berühmt. Heute vermitteln die Ruinen an der Südküste den besten Eindruck einer antiken Stadtanlage. Umschlossen von einer Wallmauer mit Bastionen lagen die Wohnviertel unterhalb der Akropolis, der Wehrburg;

Priene

außerhalb befanden sich nur das Theater, das Stadion und die Nekropole. Im Theater, das 14 000 Zuschauer aufnahm, wird derzeit der Bühnenbau rekonstruiert. Beeindruckend das römische Stadttor, die Agora zur Rechten war von Wandelgängen und Läden umgeben. Vom älteren Tor aus dem 3. Jh. v. Chr. mit zwei runden Bastionen führt eine breite Kolonnadenstraße quer durch die Stadt zur Akropolis, wo sie bei einem Brunnenhaus mit der Figur des Flußgottes Kestros endete.

Von Antalya (halbstündlich Bus ab *Minibüs Garaj*) oder Side/Manavgat bis Aksu, für die letzten 3 km Taxi oder Dolmuş.

Priene

Lage: B4
Extra-Tour 2: s. S. 86

Die antike Stadt auf einem Ausläufer des Samsun Dağı mit weitem Blick über die Mäander-Ebene

Gute Ernte: Die Ebene um Priene und Milet ist ein Zentrum des Baumwollanbaus

gehört landschaftlich zu den schönsten Stätten der Westtürkei. Sehenswert ist vor allem der **Athena-Tempel**; vier seiner einst 34 Säulen, die nun ein wildes Trümmerfeld bilden, stehen noch. Der Bau des Architekten Pytheos wurde aufgrund seiner vollendeten Proportionen schon von den Zeitgenossen gerühmt. Beim **Theater** blieben einige marmorne Sessel der Honoratioren erhalten, die in den öffentlichen Bauten an der **Agora** die Stadtpolitik lenkten.

Milet (B5): 30 km südlich. Einst Hafenstadt, heute inmitten von Baumwollfeldern im Grundwasser versunken: Milet war im 6./5. Jh. eine der großen Metropolen der Westküste. Besonders eindrucksvoll ist das Theater für über 20 000 Zuschauer. Der Löwenhafen mit dem Hafenmonument ist ebenso wie die Nordagora mit einer ionischen Säulenhalle trockenen Fußes nur selten zu erreichen. Vorbei am Bischofspalast, wo ein Schutzbau Bodenmosaiken aus dem 6. Jh. enthält, kommt man zu den Faustina-Thermen, deren voluminöse Ziegelmauern gut erhalten sind. Die İlyas Bey-Moschee etwas weiter wurde 1404 aus dem Marmor des antiken Milet erbaut. Von Milet lief eine Heilige Straße zum Didyma-Tempel im Süden (s. S. 46).

Şelale Restoran: Im Dorf Güllübahçe unterhalb von Priene. Man sitzt idyllisch am Forellenteich, den ein antiker Aquädukt speist und stärkt sich – am besten mit Forelle vom Grill.

Kleinbusse von Söke, Milas (über Akköy) oder Didim/Altınkum. Geführte Touren ab Bodrum, Kuşadası und Altınkum.

Orte von A bis Z **Side**

In Selge: Warten auf die Touristen...

Selge / Altınkaya

Lage: J6

Das antike Selge, das schon damals für seine rauhe, unabhängige Bevölkerung berüchtigt war, ist in den letzen Jahren vom Geheimtip zur Touristenfalle mutiert. Der überaus geschäftstüchtige Bürgermeister sah seine Chance, dem abgelegenen Dorf Altınkaya eine Geldquelle zu erschließen – und nutzte sie konsequent. Dennoch lohnt der Ausflug zu dem kleinen Weiler, der sich zwischen den monumentalen Ruinen von Theater, Stadion und Stadttor ausbreitet (die Reste des alten Stadtzentrum liegen auf dem Hügel). Man fährt durch Tal und ›Kanyon‹ des Köprülü Çayı, der bis Juli wasserreich zu Tal flutet. 5 km hinter Beşkonak kann man eine lukullische Rast beim **Kanyon Restoran** machen, das hübsch lauschig über Fluß und Zuchtteich gebaut ist. Dort werden auch Rafting-Touren in der Köprülü-Schlucht angeboten. Dann geht es über eine uralte römische Brücke und durch eine wilde Felslandschaft nach Altınkaya hinauf.

Die Straße ist inzwischen auch hinter den Forellenrestaurants für Pkw befahrbar; auf eine ›Führung‹ durch die Dorfjungen, die immer mit haarsträubenden Geldforderungen endet, kann man daher verzichten. Von Side aus auch als ›Jeep Safari‹ möglich, das ist allerdings ein sehr staubiges ›Vergnügen‹.

Side

Lage: K7
Vorwahl: 0242
Einwohner: ca. 2000

Side hat von allem etwas: antike Ruinen, moderne Hotelpaläste, hübsche Ecken und türkische Gastfreundschaft, Nepp und aufdringliche Teppichverkäufer – hier gehen Historie und Kommerz eine so innige Verbindung ein, daß es oft schwer fällt, das eine vom anderen zu trennen. Und die meisten empfinden es nicht von Nachteil, daß die großen Hotels alle am langen Sandstrand im Westen (Kumköy) und im Osten (Titreyengöl) liegen. Nach Fall und Aufstieg – vom bedeutendsten südtürkischen

Side

Orte von A bis Z

Hafen der römischen Kaiserzeit zum kleinen Fischerdorf der 60er Jahre bis zum größten Ferienzentrum der ›Riviera‹ der Türkei – steht Side nun als quirliges Urlaubsstädtchen da, das für alle etwas bietet, Wagemutigen sogar einen Trip im fliegenden Schlauchboot.

Stadtmauer: Dort, wo man heute im Sommer vom Pkw auf einen Traktorbus umsteigen muß, befand sich in der Antike das Stadttor. Reste der Mauer sind erhalten, ebenso Säulenstümpfe der einst prachtvollen Hauptstraße zum Hafen, über die man noch heute in den Ort fährt.

Theater: Der gigantische Bau zwischen Agora und dem heutigen Dorf ist das einzige Theater an der türkischen Küste, das freistehend, also nicht an einen Hang gelehnt, errichtet wurde. Seit 1994 müssen die Unterbauten abgestützt werden. Ob die Ränge, für gut 20 000 Zuschauer ausgelegt, für Veranstaltungen zugänglich sind, wird von Jahr zu Jahr entschieden.

Apollon-Tempel: Auf der Ostspitze der Halbinsel überblickten die Tempel der Stadtgötter Apollon und Artemis den Hafen. Vom Apollon-Tempel sind heute wieder fünf Säulen aufgerichtet.

Archäologisches Museum: Tgl. 8.30–12, 13.30–18 Uhr. Im antiken Thermenbau eine sehenswerte Sammlung von Statuen und Skulpturen.

Manavgat: 5 km nördlich. Lebendiges Städtchen mit großem Montagsmarkt und hübschen Restaurants am Manavgat-Fluß (als Empfehlung: das *Develi*). Lohnend auch der Ausflug zum **Manavgat Şelalesi**, einem niedrigen, dafür aber langen Wasserfall

Auf der Agora von Side

So idyllische Plätzchen sind in Side selten

Orte von A bis Z **Side**

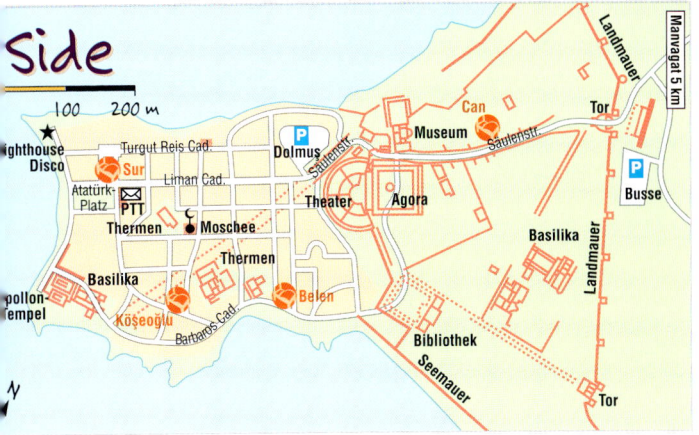

3 km nördlich. Von der Brücke in Manavgat fahren Ausflugsboote zum Wasserfall, aber auch zum Boğak-Strand an der Flußmündung. Einsame Waldlandschaften bieten die Stauseen **Manavgat Baraj** und **Oymapınar Baraj**, wo man in einfachen Lokalen *Alabalık*, gegrillte Forelle, essen kann.
Seleucia: 13 km nördlich von Manavgat hinter dem Weiler Bucakşeyhler. Eine still-romantische antike Stadt: Unter Pinien entdeckt man eine guterhaltene Agora mit Markthalle und einem kleinen Theater (Odeion).
Aspendos (J6): 43 km westlich bei Serik. Per Bus kann man sich am Abzweig absetzen lassen und für die letzten 3 km ein Taxi nehmen. Antike Stadt mit besterhaltenem Theater aus dem 2. Jh. Besonders schön ist der Blick von der obersten Sitzreihe des Zuschauerrunds auf die Kolossalfassade der Bühnenwand gegenüber. In den Nischen standen früher Statuen von Göttern und Kaisern. Vom nördlichen Steilabbruch des Stadthügels hinter dem Theater schöner Blick auf die imposanten Reste des zweieinhalbstöckigen Aquädukts. Nach der Besichtigung ins traditionelle **Kayıkçı Restoran** kurz vor dem Dorf Belkısam Köprülü-Fluß.

Kurz vor dem Stadttor, Tel. 753 12 65.

Belen: An der Ostküste, Tel. 753 10 43, günstig. Nette Familienpension, der Besitzer spricht Deutsch. Die Zimmer sind ganz in Kiefernholz gehalten; vorwiegend junges Publikum.
Motel Can: Liman Cad. 270, Tel. 753 32 40, Fax 753 32 45, moderat.
Ruhig gelegen (vor dem Museum an der ›Säulenstraße‹), doch relativ nah zum Trubel. Hübsche Holzhäuschen in idyllischem Gartengelände mit Strandzugang.
Köşeoğlu: An der Ostküste Richtung Tempel, Tel. 753 11 10, Fax. 753 14 69, moderat.
Moderner Mittelklassebau; mit die komfortabelste Adresse in Side selbst. Kein Pool, aber nah beim Oststrand.
Motel Sur: Am Hafen gegenüber der PTT, Tel. 753 10 87, günstig. Einfache Zimmer in einem Neubau mit schönem Garten und Restaurant; zentral und mitten im Trubel, daher etwas laut.

Side

...außerhalb:
Club Ali Bey: Kızılağaç Köyü, Tel. 742 22 00, Fax 742 22 20, Luxus.
Zwar 15 km östlich von Side, dafür aber wegen seiner Architektur im osmanischen Stil einzigartig: eine Sinfonie von Kacheln im İznik-Stil. Die weitläufige Anlage am Strand bietet 528 Zimmer, Pools, Kinderbetreuung, Sport von Tennis bis Bogenschießen oder Parasailing.

Emir Restoran: Cami Sok (Moschee-Str.). Einfaches *Lokanta* in schönem Garten. Hier gibt's die beste türkische Traditionsküche in Side. Köstlich z. B. geschmortes Lamm mit Gemüse.
Buket: An der Westküste, von der Liman Cad. 2. Querstraße rechts. Feine türkische Küche, mit Tischen direkt am Strand. Bei Fisch muß man handeln, wie überall in Side sind die Preise recht überzogen!
Soundwaves: An der Ostküstenpromenade. Beliebtes Fisch- und Steak-Restaurant, nicht gerade preiswert, aber stets gut besucht.
Bavaria Guest House – Bei Heinz: An der Westküste hinter Buket Restaurant. Bayrische und deutsche Gerichte für Heimwehkranke.

Kaufrausch in Side: kein Problem. Auf seine rund 100 Juweliere ist der Ort sogar stolz. Hier wird die gesamte Palette der türkischen Souvenirindustrie verkauft, allzu oft allerdings stark übertreuert: Teppiche und Schmuck sollte man eher woanders kaufen! Eine Spezialität in Side: handgerührtes Speiseeis, das mit allerlei Show-Einlagen an der ›Hauptstraße‹ verkauft wird.

Schöner als auf der Liman Cad. ist ein Abendbummel auf den Küstenpromenaden im Westen und im Osten, wo es erheblich beschaulicher zugeht.
Lighthouse Disco: Am Ende der Halbinsel rechts vom Hafen. Neueröffnung mit aufwendiger Lightshow und Open-air-Tanzfläche.
Café Why Not: Hinter der Lighthouse Disco. Lauschige Taverne am Meer; weit ab vom Trubel, die Musik (von der Disco) ist umsonst.
Oxyd Disco: Ca. 4 km westlich der Stadt Richtung Kumköy. Knallrote Großdisco im Stil einer westafrikanischen Lehmmoschee mit ägyptische Stilelementen. Die Laser-Show ist türkeiweit berühmt.

Busse: Fernbushof vor der antiken Stadtmauer; häufigere Verbindung von Manavgat aus. Dolmuş-Verkehr nach Kumköy, Titreyengöl und Manavgat etwa halbstündlich, seltener auch nach Serik und Alanya.
Leihwagen: Airtour, Side Sahil Yolu, Cennetler, Tel. 753 24 19.

Turunç

Lage: D7
Vorwahl: 0252
Einwohner: ca. 800

Zuerst kamen nur die Badeboote von Marmaris zum Strand von Turunç, doch inzwischen ist das Örtchen mit etlichen Hotels auch eine gute, wenn auch sehr viel ruhigere Alternative zur nahen Touristenhochburg.

Info-Kiosk am Südende des Strands; besser bei Reiseagentur Jupi an der Hauptstraße, Tel. 476 72 88, Fax 476 77 16.

Diplomat: An der Ortseinfahrt, Tel. 476 71 45, Fax 476 71 47, moderat.

Orte von A bis Z **Turunç**

Einkaufsbummel auf der Liman Caddesi

Stammhaus am Strand und Apartments mit Pool gegenüber. Gutes Preis-Leistungsverhältnis.
Özcan Apart: Etwa in der Mitte der Dorfstraße, Tel. 476 71 44, Fax 476 70 36, moderat.
Moderner Bau mit Pool am Strand und riesigem Gummibaum vor dem Eingang. Im Ort wohnt man hier am komfortabelsten.
Turunç: Hinter Turunç Richtung Kumlubük, Tel. 476 70 24, Fax 476 70 32, teuer.
Das große Pauschalhotel liegt etwas außerhalb und besetzt den schönsten Strand. Mit Sauna, Wassersport und Tauchbasis.

Çardak: Im Süden des Ortsstrands auf kleinem Felsvorsprung mit schönem Buchtblick; Spezialität: gefülltes Hühnchen.
Han: In der Ortsmitte, mit Holzveranda am Meer. Unprätentiös und gut; Spezialität: Schmorlamm.

Jupi Travel organisiert Jeep-Safaris, Inland-Touren, Rhodos-Trips, Dorf-Besuch. Schöne Ziele sind das Imker-Dorf **Bayır** mit seiner ›2000jährigen‹ Platane im Inneren der Bozburun-Halbinsel, ebenso an der Westküste **Turgutköy** mit Teppichmanufakturen und einem idyllischen Wasserfall oder der Seglerhafen **Bozburun.** Antike Baureste haben sich in **Amos** (kurz vor der Kumlubük-Bucht, mächtige Stadtmauer) und in **Loryma** am Bozukkale-Strand (an der Spitze der Halbinsel, nur per Boot, hellenistische Festung) erhalten, beides früher Stützpunkte von Rhodos.

Der kieseldurchsetzte **Ortsstrand** ist nicht schlecht, idyllischer aber Badestrände weiter südlich: **Kumlubük,** ein breiter Sandstreifen mit zwei Hotel-Restaurants, oder **Çiftlik,** wo es ganz einsam wird (Anfahrt über Bayır). Der schönste Strand aber ist die Lagune von **Orhaniye** an der Westküste, die ein wenig an Ölü Deniz vor dem Boom erinnert.

Dolmuş von/nach Marmaris und auch İçmeler 5 x tgl., 2 x tgl. nach Bayır.
Boot-Dolmuş nach İçmeler/Marmaris und zu den Badebuchten Kumlubük und Ciftlik 3 x tgl. zwischen 9 und 19 Uhr.
Achtung: In Turunç gibt es keine Tankstelle!

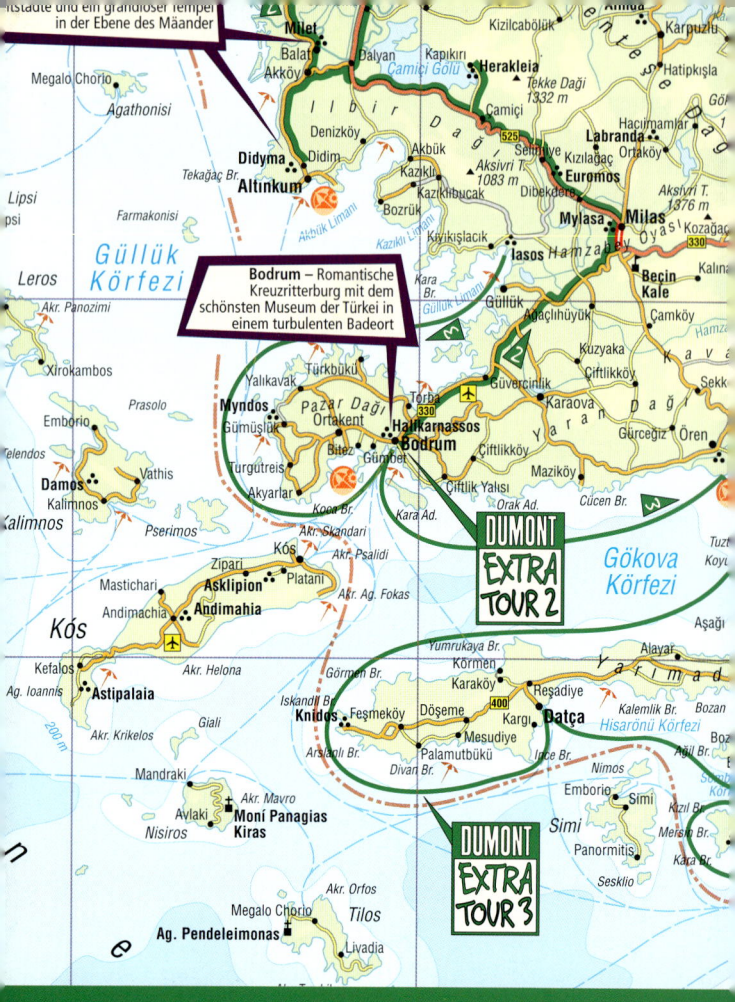

Bodrum – Romantische Kreuzritterburg mit dem schönsten Museum der Türkei in einem turbulenten Badeort

DUMONT EXTRA TOUR 2

DUMONT EXTRA TOUR 3

EXTRA-

Fünf Touren zu Highlights der Türkei

1. Auf der Suche nach der traditionellen Türkei: Im Hinterland von İzmir
2. Das verschwundene Meer: In der Ebene des Mäander und die großen antiken Stätten Didyma, Milet und Priene

Touren

3. Allein zwischen Meer und Himmel: Die Blaue Reise –
   die schönsten Touren mit dem Segelboot
4. Zum Baumwollschloß: Die weißen Terrassen von Pamukkale
5. Konya: Die Stadt der tanzenden Derwische

EXTRA Tour 1

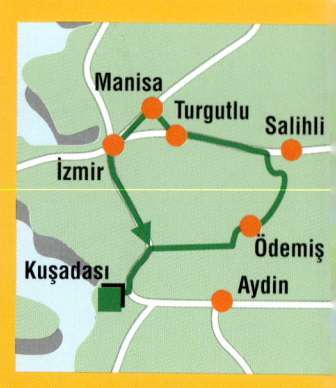

Auf der Suche nach der traditionellen Türkei: Im Hinterland von İzmir

Betonburgen in den Städten, Ferienhäuser kilometerweit entlang den Küsten, so sieht leider allzuoft die Realität in der ›touristischen‹ Türkei aus. Wer sehen will, wie es früher war, muß ins Hinterland fahren, dorthin, wo seit Jahrzehnten die Zeit stehen geblieben ist. Zum Beispiel ins Talbecken des Küçükmenderes östlich von Selçuk. Eingefaßt von der Kette der Bozdağları im Norden und der Aydındağları im Süden, wird es bis heute von der traditionellen Landwirtschaft an der Westküste geprägt. Die Weiler liegen alle am Fuß der Berghänge, so daß das fruchtbare Land in Flußnähe für den Anbau genutzt werden kann. Dort wird hauptsächlich Baumwolle angepflanzt, auf mittlerer Höhe folgen Tabak-, Gemüse- und Getreideanbau, darüber, an den Hängen bis 600 m, Ölbaumhaine. Die Kammregionen schließlich sind das Gebiet der *Yayla*, der Hochalmen. Dorthin entflohen die Dörfler früher mitsamt ihrem Vieh und allem Hausrat der unerträglichen Sommerhitze.

Von Kuşadası fährt man über Selçuk Richtung İzmir und dann bei der Autobahnauffahrt östlich nach **Tire** (C4). Das Städtchen hat sich einen historischen Kern bewahrt, in dem die Yasi Bey Camii von 1441 und ein verfallener *Han* (Karawanserei) die bedeutendsten Bauten sind. Auch ein kleines archäologisches Museum gibt es, und im Çay Bahçesi am Rondell lassen es sich die Männer bei Tee und *Nargileh* (Wasserpfeife) gut gehen. Der Han zeugt von der Bedeutung des Orts als Handelsplatz des fruchtbaren Talkessels, in dem unter den Osmanen zahlreiche ›Fremdarbeiter‹ angesiedelt wurden: Die Nachkommen jener Tscherkessen, Kurden, Bulgaren und sogar afrikanischer Sklaven leben heute noch in den Weilern ringsum.

Über Ödemiş, die sehr modernisierte Hauptstadt des Tals, fährt man nach **Birgi** (D3), das mit der Mehmet Bey Camii eine der ältesten Moscheen der Westküste besitzt. Sie wurde 1312 mit Steinen aus dem antiken Pyrgion weiter nördlich erbaut und besitzt eine geschnitzte Predigerkanzel und eine mit Fliesen verzierte Gebetsnische. Sehenswerter ist der re-

Extra-Tour 1

Die Melonen von Manisa gelten als die besten der Türkei

staurierte Çakır Ağa Konak, das prächtige Anwesen eines reichen Landbesitzers aus dem 18. Jh. Dem steinernen Erdgeschoß sitzt ein Fachwerkaufbau mit Erkern und Girlandenmalerei auf. Unten lagen die Wirtschaftsräume, oben der Wohnbereich, dessen Wände und Decken mit Landschaftsmalereien im Stil des türkischen Rokoko geschmückt sind. Größere Möbel gab es nicht – der Ağa und seine Haremsdamen saßen auf Holzpodesten; als Tisch dienten Messingtabletts auf Holzgestellen.

Auf gut ausgebauter Straße überquert man nun das Boz-Gebirge und erreicht das Tal des Gediz Nehri beim antiken **Sardes** (D3). Dort herrschte Krösus, jener König, dessen Reichtum sprichwörtlich wurde. Das wiedererrichtete Gymnasion, die Synagoge aus dem 3. Jh. rechts der Straße und der Artemis-Tempel unterhalb der Akropolis zur Linken sind die Highlights.

Durch weites Baumwolland geht es dann an der ›Ziegelstadt‹ Turgutlu vorbei nach **Manisa** (C2), einer modernen Großstadt, die jedoch noch eine urtümliche Altstadt am Hang des Sipilidağı besitzt. Im osmanischen 15. und 16. Jh. war sie die ›Prinzenstadt‹, in die die Sultansnachfolger erste Erfahrungen als Herrscher sammelten. Als einzige Stadt der Westküste besitzt sie daher große Stiftungsmoscheen nach İstanbuler Vorbild. Die schönste ist die Muradiye Camii (1586) mit einer wunderbaren, mit İznik-Fliesen ausgekleideten Gebetsnische. Auch das archäologische und ethnographische Museum daneben lohnt den Besuch, ebenso der Fußweg hinauf zur Ulu Cami (1376), wo ein Teegarten den schönsten Stadtblick bietet.

Der Rückweg führt über **İzmir** (B3; s. S. 55), dessen wucherndes Häusermeer man rasch auf Schnellstraßen durchqueren könnte. Doch hat der Basar mit dem restaurierten Kızlarağası Han bis 20 Uhr geöffnet (Ausschilderung: Konak). Die letzte Abendsonne kann man dann in den Kneipen am Kordon genießen; ein persönlicher Tip fürs Abendessen wäre Meshur Topçunun, einen Block südlich des Cumhuriyet Meydanı. Zurück bis Kuşadası braucht man über die Autobahn noch knapp 90 Min.
Gesamtlänge: 335 km

EXTRA Tour 2

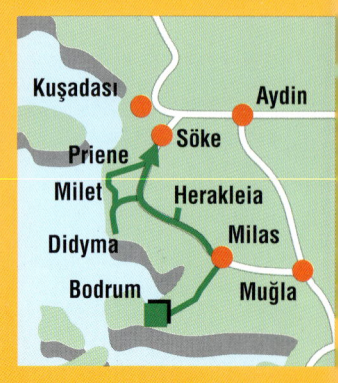

Das verschwundene Meer: In der Ebene des Mäander

Thales von Milet, der Mathematiker, würde sein Land nicht wiedererkennen. Wo Meer war, ist heute Land, aufgeschüttet in kaum 2500 Jahren vom Büyükmenderes, dem antiken Mäander. Letzter Rest jenes einstmals gut 40 km langen Latmischen Meerbusens, der sich zwischen Priene und Milet erstreckte, ist der Çamiçi Gölü; auch Herakleia unterhalb des namengebenden Latmos-Gebirges (heute Beşparmak oder Tekke Dağı) war damals eine Hafenstadt.

Von Bodrum (von Kuşadası ist die Tour in umgekehrter Richtung ebenfalls möglich) fährt man nach Milas und dort mit der Aussschilderung İzmir nach Norden. Milas und Umgebung sollte man sich für einen anderen Tag aufsparen.

Ein erster Stopp lohnt in **Euromos** (C5), dessen Stadtgebiet die moderne Straße genau über der antiken Hauptstraße durchquert. Zur Rechten, kurz vor dem Hinweisschild, weiden nun Kühe auf der Agora (Marktplatz). Der ausgeschilderte Zeus-Tempel ist der besterhaltene der Westtürkei. An manchen der 16 erhaltenen Säulen sind gemeißelte Plaketten zu erkennen, deren Inschriften (»Ich bin von Kopf bis Fuß von ›soundso‹ gestiftet«) zeigen, daß ein Tempel oft Gemeinschaftsbau reicher Bürger war, die sich so Nachruhm erkaufen wollten.

20 km weiter erreicht man den **Çamiçi Gölü** (früher Bafa-See; B/C5), dessen Uferhänge über Kilometer Ölbäume säumen. Im Dorf Çamiçi werden die Oliven in zwei Fabriken zu Öl verarbeitet. Dort zweigt auch die Piste zum Weiler Kapıkırı ab, der sich in den Ruinen des antiken **Herakleia** (C5) eingenistet hat. So dient das einstige Rathaus als Hühnerhof, die Agora wurde zum Schulhof, über allem thront der Athena-Tempel. Faszinierend ist die Landschaft: Mächtige Gneisfelsen steigen wie die Spielklötze eines Riesenkindes von der spiegelglatten Wasserfläche des flachen Sees empor, dazwischen die Türme der Stadtmauer. Wer dieses Bergland, in dem die Ruinen zahlreicher christlicher Klöster zu finden sind, kennenlernen will, wendet sich an die Agora-Pension (s. S. 19). Eine Rast lohnt bei den *Lokantalar* am See-

Extra-Tour 2

ufer, die frischen Seefisch (Wildkarpfen, Weißfisch, Aal) servieren.

Nun weiter an der Westseite des Sees entlang nach Norden, bis sich plötzlich der Blick auf das flache Baumwolland öffnet: früher schiffbares Meer, dessen damalige Uferlinien noch erahnbar sind. Bei Dalyan, wo man den Mäander, ein erstaunlich schmales Flüßchen, erreicht, biegt man links nach Akköy ab. **Didyma** (B5), 11 km südlich, war nie eine Stadt, sondern das bedeutendste Orakelzentrum Westkleinasiens, das von Milet aus verwaltet wurde. Schon in archaischer Zeit verehrte man dort an einem Lorbeerhain Apollon und Artemis, die göttlichen Zwillinge (gr.: *didymoi*), die hier von Zeus und Leto gezeugt worden sein sollen. In den Perserkriegen wurde das Heiligtum zerstört, danach aber entstand mit Spenden aller Mächtigen von Alexander dem Großen bis zu den Kaisern Roms einer der monumentalsten Tempel Kleinasiens (s. S. 46).

Eine heilige Straße verband Didyma mit **Milet** (B5; s. S. 76); der heutige Weg entspricht dieser zum Teil. Daß Milet einst Hafenstadt war, ist selbst vom Theaterhügel kaum mehr zu erkennen – doch folgt der Lauf des Büyükmenderes ziemlich exakt der antiken Küstenlinie. Die Stadt selbst hingegen, deren Philosophen zur Blütezeit des ionischen Griechentums (6./5. Jh. v. Chr.) eine große Rolle bei der Entwicklung der Naturwissenschaften und Mathematik spielten, ist durch gestiegenes Grundwasser in einen Sumpf verwandelt. So ist auch eine ihrer vielen Kulturleistungen nicht mehr zu erkennen: Der gitterartige Straßenplan, entwickelt vom Baumeister Hippodamos von Milet, dem noch die moderne Stadtplanung folgt.

Meister Adebar hat sich ein stilvolles Heim ausgesucht

Nun nach **Priene** (B4)! Schwer ist es nicht, sich vorzustellen, man führe übers Meer. Plan und platt dehnen sich die Felder, zwischen denen Hunderte von Störchen staksen. Ein einziger Hügel wird passiert: die antike Insel Lade, bei der die vereinigte Flotte der Griechen 496 v. Chr. von den Persern vernichtend geschlagen wurde. Priene (s. S. 76) wurde danach erhöht am Hang des Samsun Dağı neu errichtet – und diese Stadt zählt heute zu den landschaftlich schönsten Stätten der Westtürkei. Auch kulturhistorisch ist sie ein Glücksfall: Die Bauten stammen zum Teil noch aus vorrömischer Zeit, und der hippodamische Straßenplan ist trotz des Hanggefälles gut zu erkennen.

Nach einer Rast im Dorf Güllübahçe, am besten im Şelale Restoran, geht es zurück. Fährt man über Söke, die ›Stadt der Baumwollkönige‹, sieht man zur Erntezeit am Straßenrand eine lange Kette von Zelten aus Plastikplanen: Dort hausen Tagelöhner aus dem Osten, die das weiße Gespinst pflücken.

Gesamtlänge: 356 km

EXTRA Tour 3

Allein zwischen Meer und Himmel: Die Blaue Reise

Wer träumte nicht davon: Unter geschwellten Segeln hart am Wind durchs Meer zu pflügen, ankern an einer einsamen Bucht, Wasser klar wie ein Kristall, selbstgefangene Fische über dem Feuer am Strand backen und dann unter Sternengeflimmer einschlafen… In der Türkei kein Problem, hier nennt man das *mavi yolculuk*, die Blaue Reise.

Die türkische Küste zwischen Bodrum und Antalya bietet Ankerplätze in modernen Marinas für fast 3000 Jachten, und die Blaue Reise läßt sich inzwischen pauschal buchen. Hat man nicht das Glück (oder Geld), eine eigene Jacht zu segeln, fährt man mit einem türkischen Gulet-Boot. Dies sind zweimastige Ketschs, die in Marmaris oder Bodrum nach den alten Handwerkstechniken aus Holz gebaut werden. Sie sind ca. 12 m lang, bieten in Zweier- und Viererkabinen Platz für acht bis zwölf Personen, dazu Dusche, Küche und ein breites Deck fürs Sonnenbad. Trotz voller Takelage fahren sie bei Touren mit nautischen Anfängern jedoch meist per Motorkraft und nicht im Wind.

Ab den großen Jachthäfen Bodrum und Marmaris sind verschiedene Turns möglich. Die beliebteste Strecke führt von Marmaris nach Fethiye, wobei das **Dalyan-Delta** mit dem antiken Kaunos (E6; s. S. 66) und der **Golf von Fethiye** (E7) mit seinen zwölf Inseln die Höhepunkte sind. Das Hafendorf Ekincik, kurz vor dem Delta, ist zwar kein Geheimtip mehr, hat aber hübsche Restaurants, in denen man zwischen Meer- und Süßwasserfisch aus dem Köyceğiz-See wählen kann. Im Fethiye-Golf sind auf den Inseln Tersane und Domuz Adası antike Ruinen zu sehen, der kleine Hafen von Kurbağalık hingegen ist ein Idyll aus alter Zeit.

Einsamer und ursprünglicher ist der **Golf von Hisarönü** (C7) westlich von Marmaris. Hafenorte wie Bozburun und Selimiye sind heute zwar auch über Straßen erreichbar, nicht aber die vielen kleinen versteckten Buchten an dieser zerlappten Küste. An der Ostseite der Hisarönü-Halbinsel sind die Buchten von Gerbekse (mit Kirchenruine) und Serçe am idyllischsten, während Turunç und zunehmend

Extra-Tour 3

Ankern in einer paradiesischen Bucht nach einem harten Seglertag

Kumlubük in Tagesausflügen von Marmaris her angefahren werden. Nicht verpassen darf man die Bozukkale-Bucht mit der mächtigen antiken Stadtmauer von Loryma auf dem äußersten Zipfel. Dann geht's nach Bozburun, dem Seglerzentrum der Halbinsel; weitgehend ohne Zivilisation kann man in der Bucht des Bergdorfs Söğütköy ankern. Von hier überquert man den Golf, am besten entlang der griechischen Insel Simi mit einer der schönsten Ägäisstädte. Westlich von Datça sind dann die Buchten von Kargı und Palamutbükü idyllische Ankerplätze, ebenso der alte Hafen des antiken Knidos auf der äußersten Spitze (alle mit Restaurants).

Auch von Bodrum aus gibt es zwei Routen. Nach Südosten in den **Golf von Gökova** (C6), wo der Strand bei Ören mit den Ruinen des antiken Keramos und der feine Sand der Sedir Adası die Highlights sind. Die Bodrum-Halbinsel umrundend erreicht man den **Golf von Güllük** (C5) im Norden: Auf der Strecke lohnen Gümüşlük/Myndos und das Schwammtaucherdorf Yalıkavak den Landgang, im Golf dann Ülelibük mit dem antiken Bargylia und Iasos an der Nordseite der Bucht: Neben dem schönen Strand mit einfachen Lokalen kann man auch die Reste der antiken Stadt in den Olivenhügeln oberhalb besuchen.

Praktisches: Mit eigener Jacht (unter nicht-türkischer Flagge) erhält man für 25 US-$ ein Transitlog, mit dem man drei Monate in türkischen Gewässern kreuzen kann (es verliert aber beim Anlaufen eines griechischen Hafens seine Gültigkeit). Nur mit einem Segelschein der Klasse B kann man ab etwa 800 DM pro Tag Jachten ohne Kapitän chartern. Wer keinen Schein hat, kann Wochentouren auf Booten mit Mannschaft auch über Reisebüros zuhause buchen.

Jachtcharter in der Türkei
... in Marmaris (0252):
Mega Mar, Barbaros Cad. 87,
Tel. 412 08 97, Fax 412 08 98.
Contact Turkey, Barbaros Cad. 45,
Tel. 413 63 13, Fax 413 56 73.
... in Bodrum (0252):
Sunsail, Alkor Yachting, Yat
Limanı 68, Tel. 412 19 27,
Fax 412 43 84.
... in Fethiye (0242):
Light Tours, Atatürk Cad. 104,
Tel. 614 47 57, Fax 614 51 43.

EXTRA Tour 4

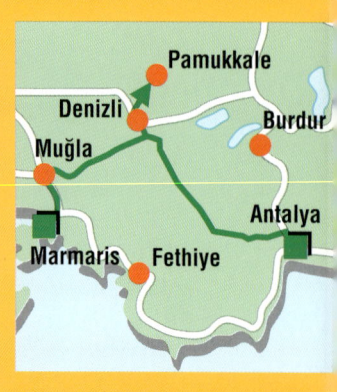

Zum Baumwollschloß: Die weißen Terrassen von Pamukkale

Die Sinterterrassen von Pamukkale (F4) sind das berühmteste Naturwunder der Türkei: Hier entspringt eine Quelle mit 53° C heißem Thermalwasser, das mit seinen strahlend weißen Kalkablagerungen einen ganzen Hang wie in Watte gepackt hat. Das Geheimnis ist das im Wasser gelöste Kalciumbikarbonat, das beim Abkühlen durch eine chemische Reaktion in Kohlendioxid und Kalciumkarbonat, also Kalk, zerfällt. Durch die stärkere Ablagerung an den Außenkanten der Tümpel, die das über den Hang fließende Wasser bildet, entstehen bis zu metertiefe Tröge und bizarre Formen, die einem erstarrten Wachsfluß gleichen: ›Baumwollschloß‹ sagen die Türken zu dieser Märchenlandschaft. Schon in der Antike wußte man die Heilkraft des zudem schwach radioaktiven Wassers zu schätzen, auf der die Wirtschaft einer ganzen Stadt, des Kur- und Kultzentrums Hierapolis, beruhte.

In allen Urlaubsstädten werden Touren angeboten, empfehlenswerter ist der Abstecher jedoch auf eigene Faust mit dem Leihwagen als Zweitagestour – so ist man nicht an das enge Programm der Veranstalter gebunden. Die Straßen, von Bodrum oder Marmaris über Muğla nach Denizli, von Antalya über Korkuteli, sind gut ausgebaut und problemlos zu befahren (man rechne mit ca. 5 Std. pro Strecke).

Schon bei der Anfahrt leuchtet das ›Schloß‹ am Horizont auf, bis schließlich der Hang mit den weißen Kaskaden sich wie ein Theater öffnet. Lag die antike Stadt oberhalb der Terrassen, ist das Hoteldörfchen des modernen Tourismus unterhalb zu finden. Wer jedoch mit dem Pkw zu den älteren Hotels über den Terrassen will, muß wieder aus dem Dorf hinaus und in weitem Bogen zum Haupteingang fahren (Tag und Nacht geöffnet, Tagesticket für Pkw). Hinter dem Eingang passiert man die antike Nekropole, die als eine der größten der Türkei gilt. Zum Besuch der Terrassen den Badeanzug nicht vergessen, zumindest fürs Sonnenbad (die Pools machen nicht immer einen appetitlichen Eindruck). Das Wasser wird in wechselndem Turnus nur über bestimmte Bereiche geleitet; in der

Extra-Tour ❹

Nur selten ist man in den Pools von Pamukkale so allein

Hauptsaison sind die Terrassen z. T. gesperrt. Der schönste Badeplatz ist der ›antike‹ Pool des Pamukkale Motels oberhalb vom Museum (Tel. 272 20 25, teuer, nur HP), in dem man zwischen umgestürzten Säulen badet (für Nichtgäste 9–20 Uhr zugänglich).

Nicht verpassen sollte man auch das antike Theater mit einem schönen Fries aus den Werkstätten von Aphrodisias. In den ehemaligen Hauptthermen (Bädern) zeigt heute das Museum weitere Skulpturarbeiten. Das Martyrion des hl. Philippos oben auf dem Hügel war eine Pilgerstätte zu Ehren eines frühchristlichen Märtyrers, der um 80 n. Chr. in Hierapolis starb. Nach Süden erreicht man eines der byzantinischen Stadttore; zur Nekropole hin die Fläche des einstigen Forums und eine Säulenstraße, die am Frontinus-Tor endet. Dieses römische Triumphtor bezogen die Byzantiner in ihre Befestigung mit ein; die römische Stadt war noch größer und endete erst bei den Thermen kurz vor der Gräberstadt. Zur Übernachtung die beste Adresse ist das Yörük Motel an der Hauptstraße im Dorf (Tel./Fax 272 20 73, moderat), ein nicht allzu teures Mittelklassehaus mit Pool.

Auf der Rückfahrt lohnt ein Abstecher nach **Aphrodisias** (E4, von Pamukkale 100 km), eine antike Stadt, die schon unter den römischen Kaisern für ihre prachtvollen Steinmetzarbeiten bekannt war. Der rekonstruierte Torbau des Tempels der Stadtgöttin Aphrodite kann es durchaus mit der berühmten Celsus-Bibliothek in Ephesos aufnehmen. Führungen beginnen am Museum der weitgehend freigelegten antiken Stadt.

Einfache Strecke: 220 km von Marmaris; 260 km von Antalya.

Folklore in Pamukkale

Während der Pamukkale Festspiele vom 25.–27. Mai werden die für den Südwesten Anatoliens typischen Zeybek-Tänze in farbenprächtigen, regionalen Trachten aufgeführt.

EXTRA Tours

Konya: Die Stadt der tanzenden Derwische

Konya, im 12./13. Jh. Hauptstadt der türkischen Seldschuken-Dynastie, deren Fürsten über zwei Jahrhunderte weite Gebiete Vorderasiens beherrschten, ist eine der großen historischen Städte der Türkei (M4). Für die Anreise mit einem Mietwagen durch das Taurus-Gebirge benötigt man etwa einen halben Tag. Die Straße über Akseki, Seydişehir und Beyşehir ist weitgehend vierspurig ausgebaut. Konya gilt als eine der ›sittenstrengsten‹ Städte der Türkei; hier werden die religiösen Gebote (z. B. Ramadan, Alkoholverbot) sehr genau genommen. Das Hotelangebot ist jedoch nicht schlecht: In der Nähe des Mevlana-Klosters etwa das Hotel Selçuk (Alaaddin Cad. 4, Tel. 0332/ 353 25 25, Fax 353 25 29, teuer) oder das Sema (Mevlana Cad. 15, Tel. 0332/ 350 46 23, Fax 352 35 21, moderat). Bessere Restaurants findet man in den Hotels, aber selbst dort oft ohne Alkoholausschank!

Berühmt wurde Konya durch das Wirken von Mevlana Celaleddin Rumi (1207–73). Der aus Afghanistan stammende Dichter und Mystiker vermittelte hier eine Lehre, deren oberstes Ziel die mystische Vereinigung der menschlichen Seele mit Gott darstellte. Ein Weg, dies zu erreichen, war die *Sema*-Zeremonie, deren Wirbeltanz dem Orden den Beinamen ›Tanzende Derwische‹ einbrachte. Das **Mevlana-Kloster** mit der Grabstatt des Ordensgründers ist bis heute ein religiöses Pilgerzentrum, obwohl der Orden 1925 auf Erlaß Atatürks aufgelöst und das Kloster in ein Museum umgewandelt wurde. Die türkisblaue Kuppel der Anlage ist das Wahrzeichen Konyas. Über einen Innenhof mit Reinigungsbrunnen gelangt man in das Mausoleum mit den Sarkophagen Celaleddin Rumis und anderer Ordensführer. Im *Semahane*, der einst als Tanzraum diente, werden Kleidungsstücke und Musikinstrumente der Derwische präsentiert (tgl. 9.30–17.30, Mo ab 15 Uhr).

Den zweiten wichtigen Orientierungspunkt bildet die frühere Zitadelle mit der **Alaeddin Camii** (1155–1220). Im siebenschiffigen Gebetsraum wurden Marmorsäulen mit byzantinischen Kapitellen wiederverwendet. Im Hof stehen

Extra-Tour

Das Mevlana-Kloster in Konya ist bis heute eine Pilgerstätte

zwei Türben mit den Kenotaphen seldschukischer Sultane. Mehrere schattige Teegärten mit Wasserspielen bieten die Möglichkeit zu einer Besichtigungspause.

Die **İnce Minare Medrese** (1265) auf der Westseite des Hügels dient heute als Museum für Stein- und Holzreliefs, eindrucksvoll auch das typisch seldschukische, erhöhte Portal. Die **Büyük Karatay Medrese** an der Ankara Caddesi, die 1251 vom einflußreichen Großwesir Karatay gestiftet wurde, dient als Fayencenmuseum (tgl. außer Mo 9–12, 13.30–17.30 Uhr). Ein Großteil der originalen Innenausstattung mit Fliesen in Türkis, Blau und Schwarz ist noch vorhanden. Ähnliche Pracht zeigen die Fayencen vom Seldschuken-Palast in Kubadabad am Beyşehir-See. Das **Archäologische Museum** (tgl. außer Mo 9–17 Uhr) neben der Sahip Ata-Moschee präsentiert Relikte früherer Epochen, so einen römischen Sarkophag mit Herkulesszenen (3. Jh.) oder frühbyzantinische Fußbodenmosaiken.

Auf der Rückfahrt von Konya eignet sich **Beyşehir** für einen Zwischenstopp. Highlight ist hier die Eşrefoğlu Camii (1247), deren 46 Holzsäulen mit Mukarnas-Kapitellen eine 7 m hohe Holzbalkendecke tragen, die Reste alter Bemalung aufweist. Die Gebetsnische ist mit kostbaren Fayencen verziert. Am Seeufer mehrere Restaurants, deren Spezialität fangfrische Karpfen und Barsche sind.
Einfache Strecke: Von Alanya oder Side ca. 320 km.

Von Volker Ohl & Peter Daners

Derwischtänze

Zum Gedenken an den Tod von Celaleddin Rumi am 17. 12. 1273 findet jährlich vom 14.–17. Dezember das Mevlana Festival statt, dessen Attraktion die Aufführung des Sema-Tanzes der Derwische ist. Weitere Infos beim Touristenbüro: Mevlana Cad. 21, Tel. 0332/351 10 74, Fax 350 64 89

Impressum/Fotonachweis

Fotonachweis

Titel: bei Bergama
Vignette: Souvenirverkäufer in Didym Plage
S. 2/3: Fischeridylle auf der Insel Alibey bei Ayvalık
S. 4/5: Bäuerin verkauft Kopftücher bei Kekova-Ausflügen
S. 26/27: Kaleköy vor der mittelalterlichen Burg von Simena

Rainer Hackenberg, Köln 1, 2/3, 13 oben, 18/19, 26, 30, 45, 62, 69, 85
Hans E. Latzke, Bielefeld 10, 17, 31, 34, 36, 38, 43, 47, 48/49, 52, 54 rechts, 54 links, 60, 72, 77, 78 oben, 78 unten, 81, 87, 91
Volker Ohl, Bonn 93
Uli Seer/LOOK München 4/5, 6/7, 40, 89
Wilkin Spitta, Loham 8, 13 Mitte, 13 unten, 56, 58, 75
Martin Thomas, Vaals 9, 41, 64, 66, 67, 73, 76

Kartographie: Berndtson & Berndtson, Fürstenfeldbruck
© DuMont Buchverlag

Alle in diesem Buch enthaltenen Angaben wurden von der Autorin nach bestem Wissen erstellt und von ihr und dem Verlag mit größtmöglicher Sorgfalt überprüft. Gleichwohl sind inhaltliche Fehler nicht vollständig auszuschließen. Ihre Korrekturhinweise und Anregungen greifen wir gern auf.
Unsere Adresse: DuMont Buchverlag, Postfach 101045, 50450 Köln.
E-Mail: reise@dumontverlag.de

Die Deutsche Bibliothek – CIP-Einheitsaufnahme
Penke, Petra:
Türkische Küste / Petra Penke. – Ausgabe 1999
- Köln : DuMont, 1998
(DuMont Extra)
ISBN 3-7701-4693-X

Grafisches Konzept: Groschwitz, Hamburg
© 1998 DuMont Buchverlag, Köln
Ausgabe 1999
Alle Rechte vorbehalten
Druck: Rasch, Bramsche
Buchbinderische Verarbeitung: Bramscher Buchbinder Betriebe

ISBN 3-7701-4693-X

Register

Andriake 74
Akyaka 73
Akyarlar 41
Alanya 15, *28*
Alara Han 55
Alibey Adası 35
Altınkaya 77
Altınkum (Çeşme) 43
Altınkum (Didim) 46
Amos 71, 81
Anamur 30
Antalya 15, *31*
Antalya, Flughafen 23
Aphrodisias 91
Arykanda 64
Aspendos 15, *79*
Atatürk 11
Autofahren 24
Ayvalık 35
Bafa-See 86
Bargylia 89
Bayır 81
Beldibi 63
Belek 18, *37*
Bergama 37
Beşparmak 86
Beydağları 63
Beyşehir 93
Birgi 84
Bitez 19, 40, 41
Bodrum 7, 15, *39*, 88
Bodrum, Flughafen 22
Botschaft Umschlag vorn
Boyalık 43
Bozburun 71
Bozukkale 71
Busse 23
Büyükmenderes 86
Byzantiner 11
Çalış 50
Çamiçi Gölü 86
Çamlık 50
Çamyuva 63
Çandarlı 38
Cennet Adası 71
Çeşme 11, *43*
Chimaera 64
Çiftlik 81
Dalaman 23
Dalyan 7, *65*

Datça 45
Didyma 7, *46*, 87
Dilek-Nationalpark 68
Dolmuş 23
Döşemealtı 33
Düden-Fälle 32
Ekincik 66
Ephesos 15, *48*
Erythrai 43
Euromos 86
Fethiye 50
Finike 64
Foça 7, 15, *53*
Frauen 12
Fremdenverkehrsämter 22
Geld Umschlag vorn
Gelemiş 74
Genuesen 11
Gökova 73
Golfplatz 18
Gömbe 62
Göynük 63
Gümbet 40, 41
Gümüşlük 40
Handeln 12
Herakleia 19, *86*
Hierapolis 90
İçmeler 7, *70*, 72, 73
İncekum 54
İzmir 15, *55*, 85
İzmir, Flughafen 22
İztuzu Beach 66
Iasos 89
Informationsstellen 22
Iotape 30
Johanniter 11
Kadınlar-Strand 67
Kale (Demre) 73
Kalkan 59
Kaputaş-Strand 60
Kargı (Datça) 46
Kaş 61
Kastelorizo (Gr.) 62
Kaunos 66
Kayaköy 51
Kekova 62
Kemer 7, 18, *63*
Keramos 89
Klaros 68
Kleopatra Island 71

Register

Klima 6
Knidos 45
Konya 92
Köprülü Cayı 18, 77
Köyceğiz 19, 65
Küçükmenderes 84
Kumköy 77
Kumlubük 71, 81
Kuşadası 7, 15, 67
Labranda 40
Latmos 86
Leihwagen 24
Letoon 74
Limyra 64
Loryma 71, 81
Lykien 6
Magnesia (ad Maiandros) 68
Mamure Kalesi 30
Manavgat 18, 78
Manisa 15, 85
Marmaris 15, 70, 88
Meryemana 49
Mesudiye 46
Milas 40
Milet 76, 87
Moschee 12
Muğla 72
Myndos 40
Myra 73
Notion 68
Ödemiş 84
Ölüdeniz 50
Olympos 63
Ören 89
Orhaniye 81
Osmanen 11
Oymapınar Baraj 79
Palamutbükü 46
Pamucak-Strand 67
Pamukkale 90
Patara 19, 74
Pergamon 10, 37
Perge 76
Phaselis 63
Phellos 61
Phryger 10
Pinara 51
Priene 76, 87
Rafting 18
Rakı 16
Ramadan 14
Reisezeit 22
Reşadiye-Halbinsel 45
Römer 10
Şirince 49
Saklıkent (Antalya) 6
Saklıkent (Fethiye) 51
Samsun Dağı 19, 68
Sardes 10, 85
Sarıgerme 66
Sarımsaklı 35
Segeln 18, 88
Şehir Adası (Kleopatra Island) 71
Selçuk 15, 48
Seldschuken 11
Seleucia 79
Selge 77
Serafsahan 55
Side 15, 77
Sidyma 51
Sığacık 44
Simi (Gr.) 45
Söke 67, 87
Tankstellen 24
Tauchen 19
Taxi 23
Tekirova 77
Tekke Dağı 86
Telefonieren Umschlag vorn
Teos 44
Termessos 32
Tire 84
Titreyengöl 77
Tlos 51
Torba 40
Turgutköy 81
Turgutreis 19, 40
Turunç 71, 80
Ücağiz 62
Ülelibük 89
Unfall 24
Unterkunft 25
Venezianer 11
Wandern 19
Xanthos 74
Yalıkavak 40
Yanartaş 64
Yatağan 72
Yenifoça 53